妖怪百物語絵巻

湯本豪一●編著

国書刊行会

妖怪百物語絵巻／目次

凡例

一、本書には、江戸中期〜明治初期制作と推定される妖怪絵巻四巻を収録した。

二、同一内容のものが二種存在する『土佐お化け草紙』については、上段に「佐川町教育委員会本」の図版を、下段に「堀見家本」の図版を掲載し、順番は「堀見家本」に従った。また、翻刻文字は原則として「堀見家本」に拠り、一部「佐川町本」より補った。

三、『土佐お化け草紙』をのぞいて、各図版にはタイトルはないが、〔　〕に入れる形で新たに付した。

四、翻刻にあたっては、読みやすくするために次のような処置を施した。

1、原文には句読点がほとんど無いので、適宜これを補った。

2、仮名の清濁（半濁）は、適宜これを補った。

3、仮名遣い、送り仮名については底本通りとした。

4、字は原則として現行通行の字体を用いた。

5、明瞭な脱字、衍字はこれを直した。

6、踊り字は、原則として底本の表記にかかわらず、二字以上は「〱」、漢字一字は「々」に統一した。

7、読みにくいと思われる箇所は、現代仮名遣いで振り仮名をつけ、また、（　）に入れて漢字をあてた。

尚、本書収録作には、人権上好ましくない語彙の使用されている部分がある。本書の資料的な性格に鑑み、これらは原本通り翻刻したが、読者各位には人権上の正しい理解の上に立って本書を活用してくださるようお願いしたい。

怪奇談絵詞

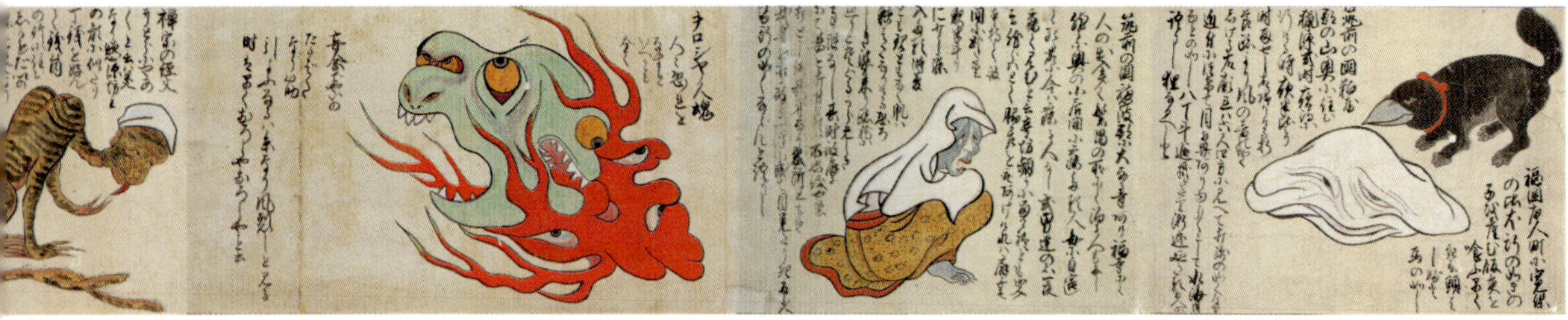

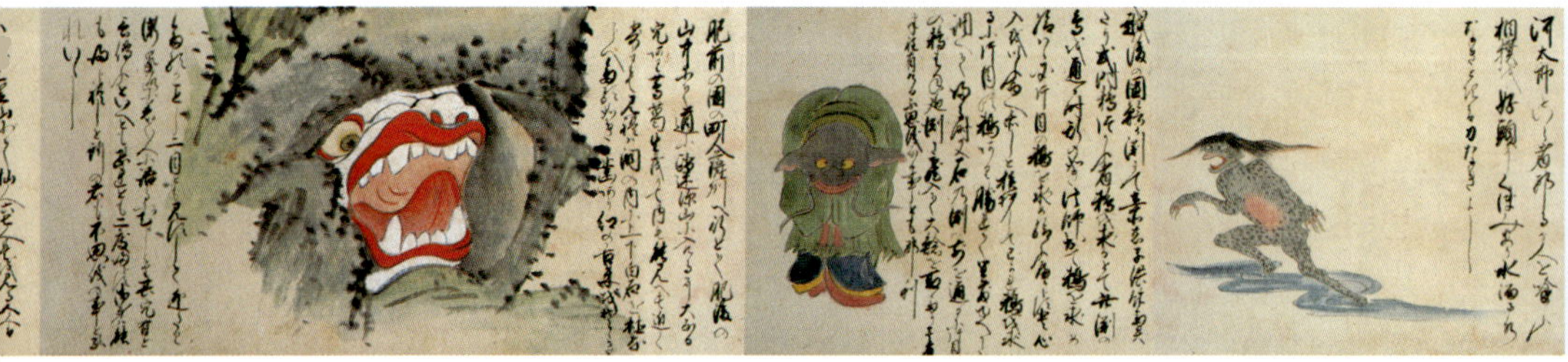

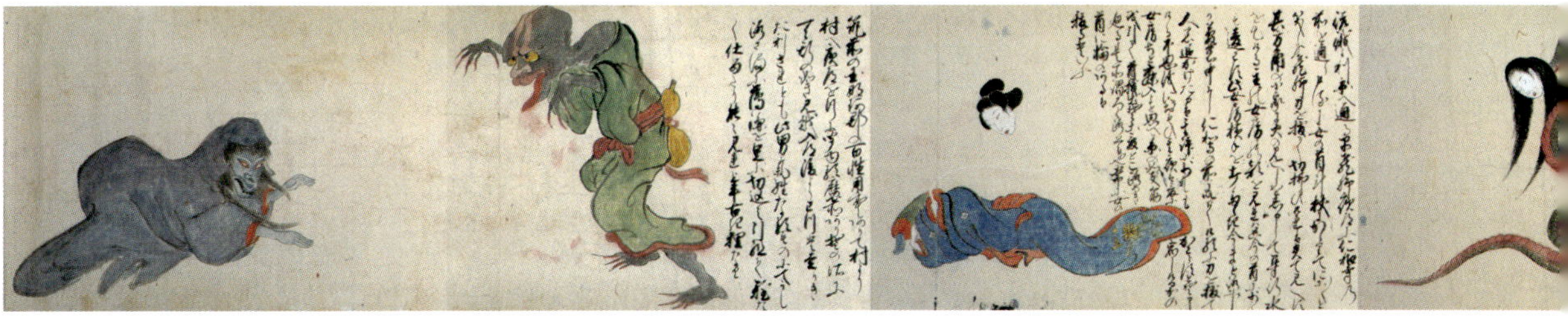

〔犬が産んだ妖怪〕

福岡唐人町に、寛保の比、犬斯の如きの子を産む。飯、魚を喰ふ。早く死す。頭はしぶと（嘴太）鴉の如し。

福岡唐人町は現在の福岡市中央区唐人町。犬と鳥が合体したような不気味な姿をしており、尾もあるようだ。異形のものが産まれたという話は各地に多数ある。寛保年間は一七四一年～四四年。

〔白色の妖物〕

筑前の国粕屋郡の山奥に住む猟師、或時、夜、湯に行ける時、夜半比より時雨せし故、帰りける折節、跡より風の音の如くしける故。顧れば、六尺四方に見へて、打綿の如くなり。近付につけて、目鼻あり、ゆら〱として水海月などの如し。八丁斗追掛けたり。漸逃延たると人に語りし。狸なるべしと。

筑前国粕屋郡は現在の福岡県糟屋郡粕屋町。ここに描かれた六尺（約一・八メートル）四方の白色の妖物について、狸が化けたと記しているが、実態は不明。不可解なものは狐狸の仕業とすることで納得したのだろう。

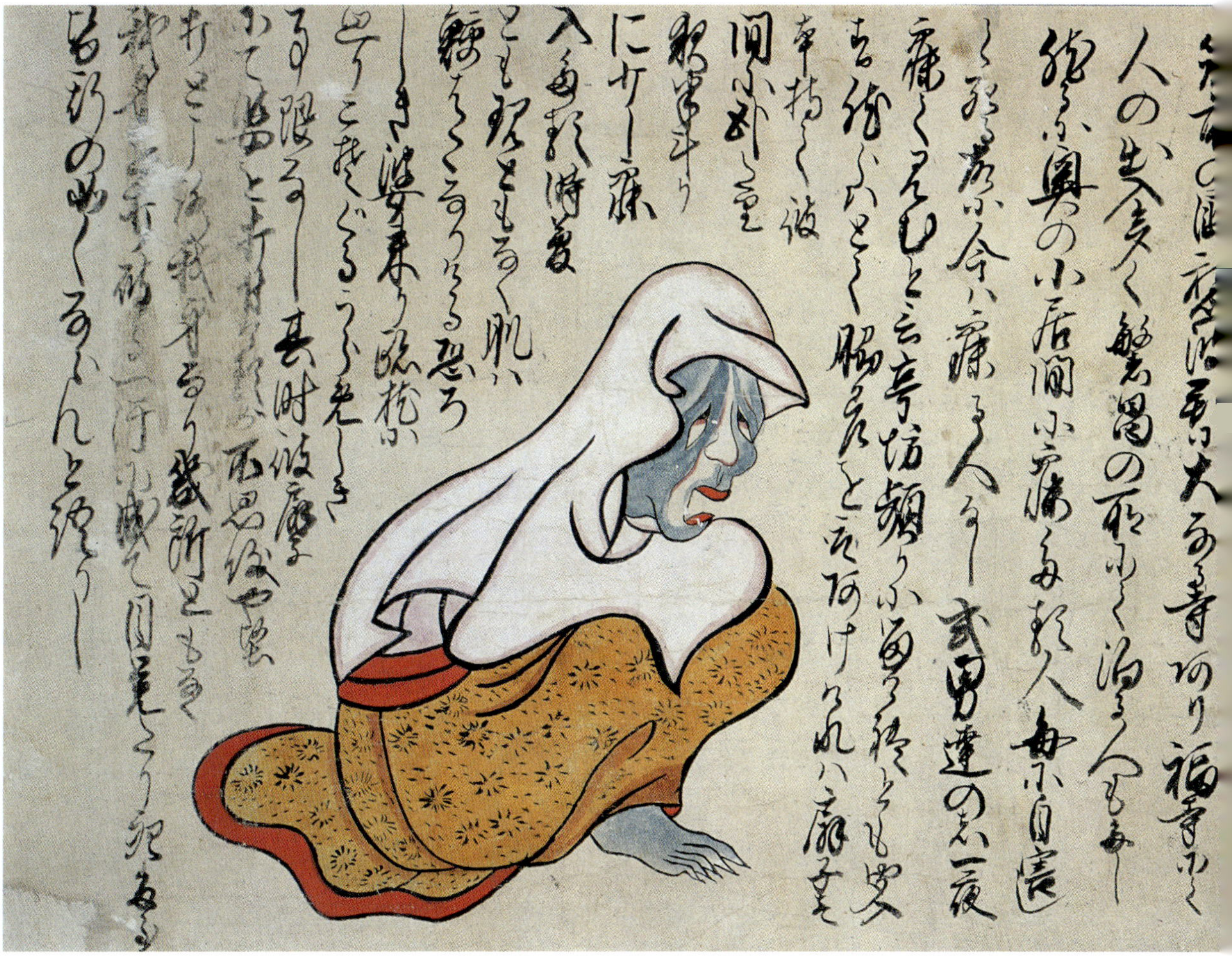

〔老婆の妖怪〕

筑前の国穂波郡に、大なる寺あり。福寺にて、人の出入多く、繁昌の所にて、泊る人も多し。然るに、奥の小居間に寝たる人毎に自害して死る。故に今は寝る人なし。或男達の者、一夜寝て見むと云。亭坊頻りに留けれども、聞入ず。然らばとて、脇差を取あげければ、扇子壱本持て、彼間に赴たり。夜半斗りに少し寝入たる時、夢とも現ともなく、肌は鯨はだなりける恐ろしき婆来り、跡枕に迫りこそぐる（擽る）。うらめしき事限なし。其時、彼扇子にて、婆を打付けるが、不思議や、堕打ところ我身なり。幾所ともなく我身を打破る。一汗に成て目覚たり。死たる人、皆斯の如くならんと語りし。

筑前国穂波郡は現在の福岡県嘉穂郡穂波町。屋敷や部屋に怪異が起こったり、妖怪が出現する伝説は多いが、ここでは現れた老婆の妖怪を斬りつけようとして自分の体を斬ってしまうというところが特徴である。

ヲロシヤノ人魂

〔ヲロシヤの人魂〕

ヲロシヤの人魂。
人々恐れをなすといへども、全く妄念でやいのたかばたなり。筋引よふ（様）なるは糸なり。風烈しと見る時は早くおろしやおろしやと云。

この絵巻には外国を扱ったものが散見されるが、「ヲロシヤの人魂」もその一つといえよう。妖怪に擬してロシアを諷刺しているのかもしれないが定かでない。

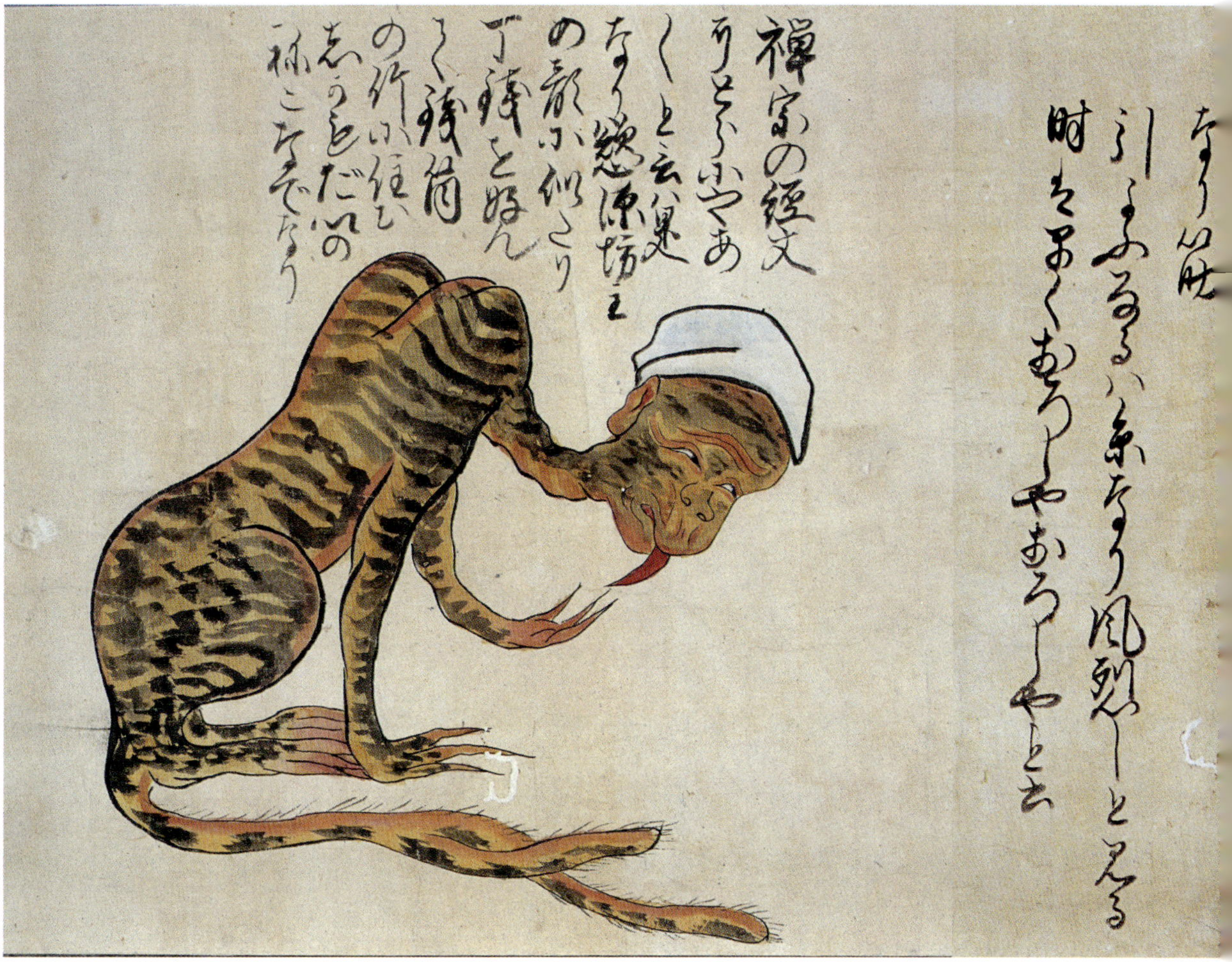

〔虎にゃあにゃあ〕

禅宗の経文に、とら（虎）にやあ〳〵と云は是なり。慾深坊主の顔に似たり。丁銭を好んで、銭筒の竹に住む。しかも、だい（大）のねこなで（猫撫）なり。

強欲の僧を諷刺して妖怪として描いたのであろう。人間の心を失った象徴として指は三本で表現され、尾は二つに割れて猫股のようになっている。

〔釜山海のがま〕

釜山海の悪道城に住蟆なり。日本人を恐れて今に除気の礼なし。

二本の大きな角を生やした蝦蟇の姿に託しての諷刺と思われるが詳細は不明。

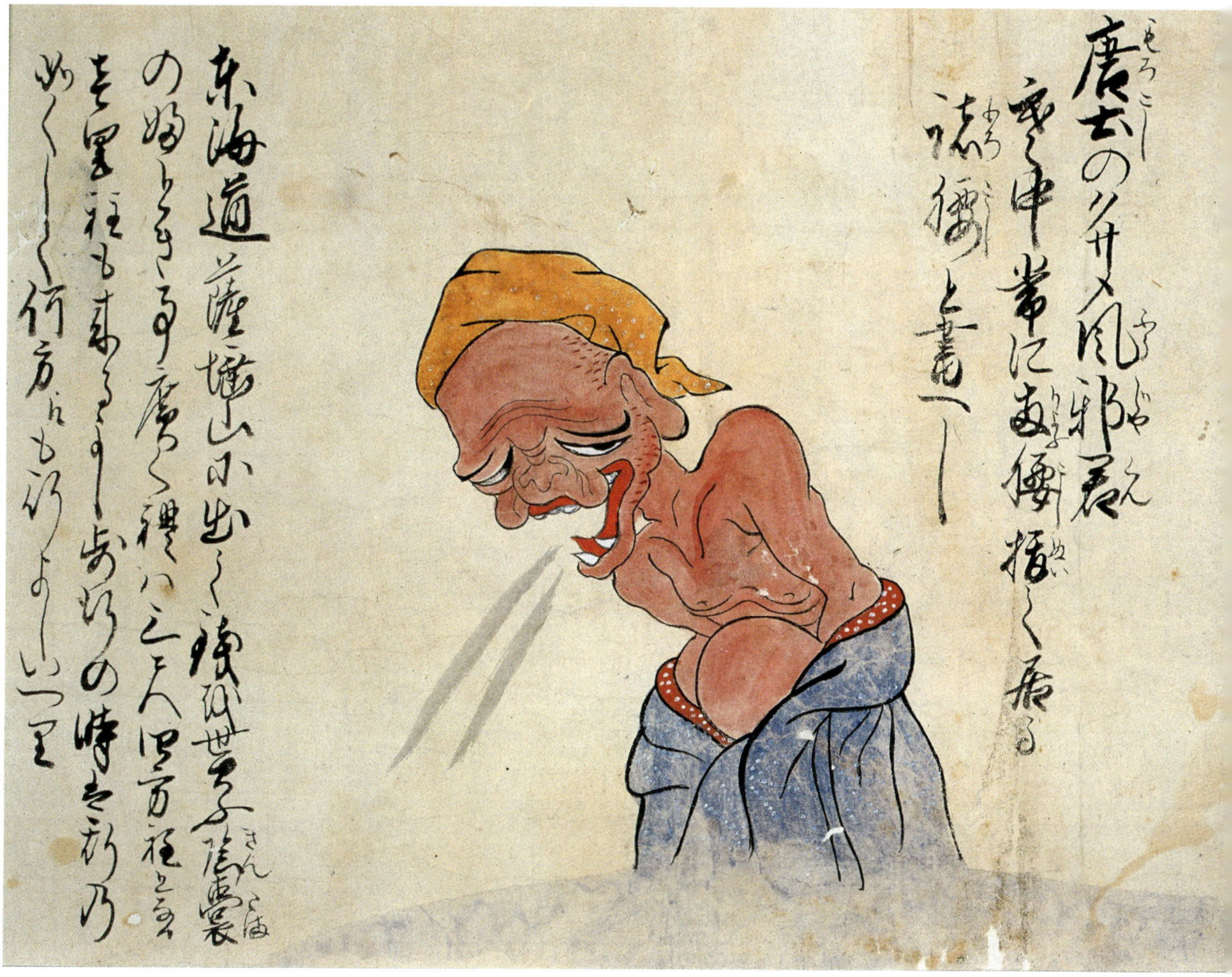

〔中国のクサメ風邪君〕

唐土のクサメ風邪君。
寒中常に両腰抜て居る。諸腰と書べし。

中国を諷刺したものであろう。裸になって風邪をひいている痩せた姿は欧米列強に侵略された中国の状況を表しているのだろうか。

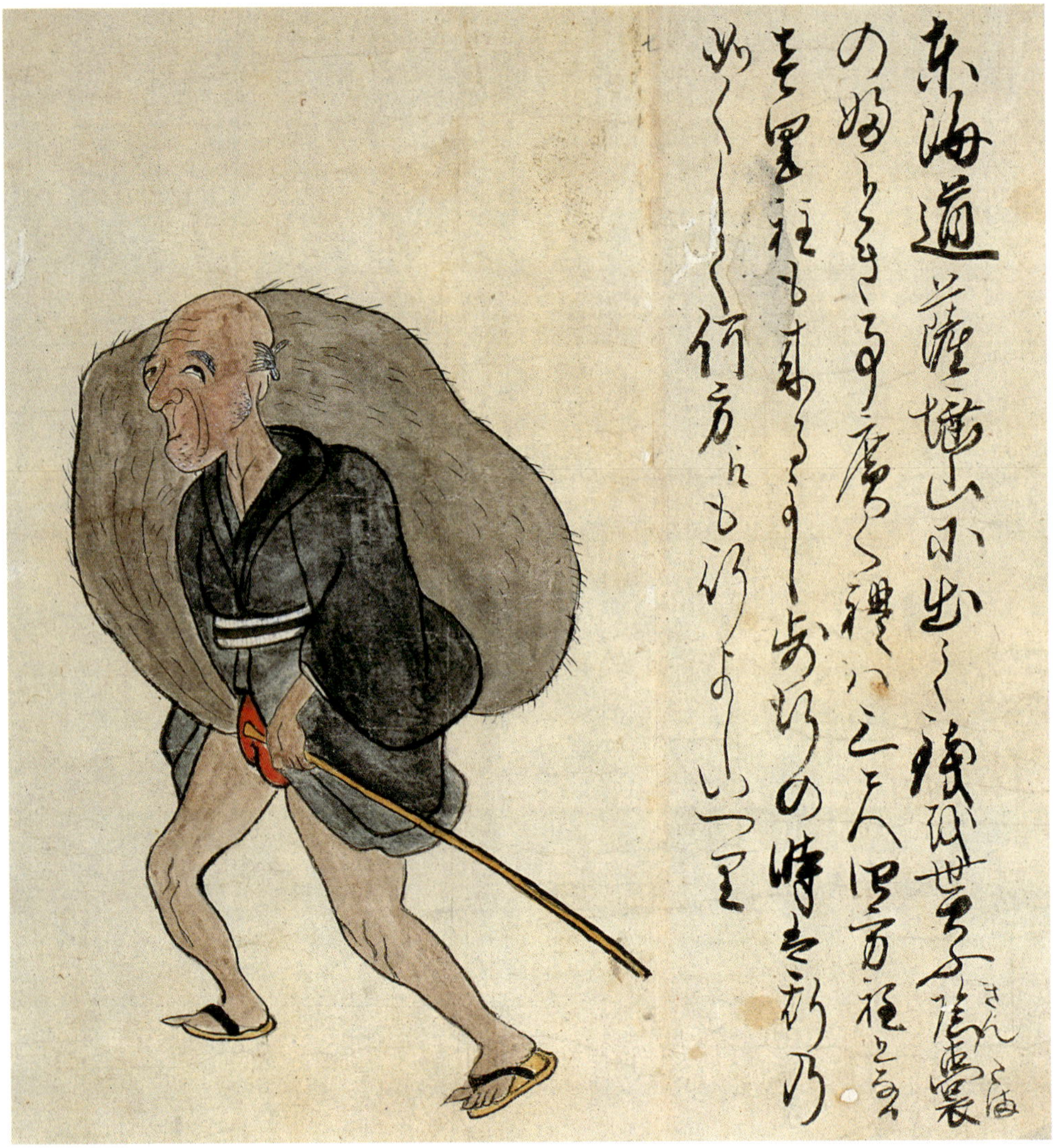

〔大きな陰嚢〕

東海道薩埵山に出て、銭を貰ふ。陰嚢のふとき事、広ぐれば三尺四方程となり、壱里程も来るよし。歩行の時は斯の如くして、何方にも行よしいへり。

薩埵山は静岡県の静岡市と庵原郡の境にあり標高二二四メートル。三尺（約九〇センチ）四方もある大きな陰嚢を見世物にして生活する人物を記録したものだが、このように身体的特徴を披露して金銭を稼ぐ話は瓦版などでも伝えられている。

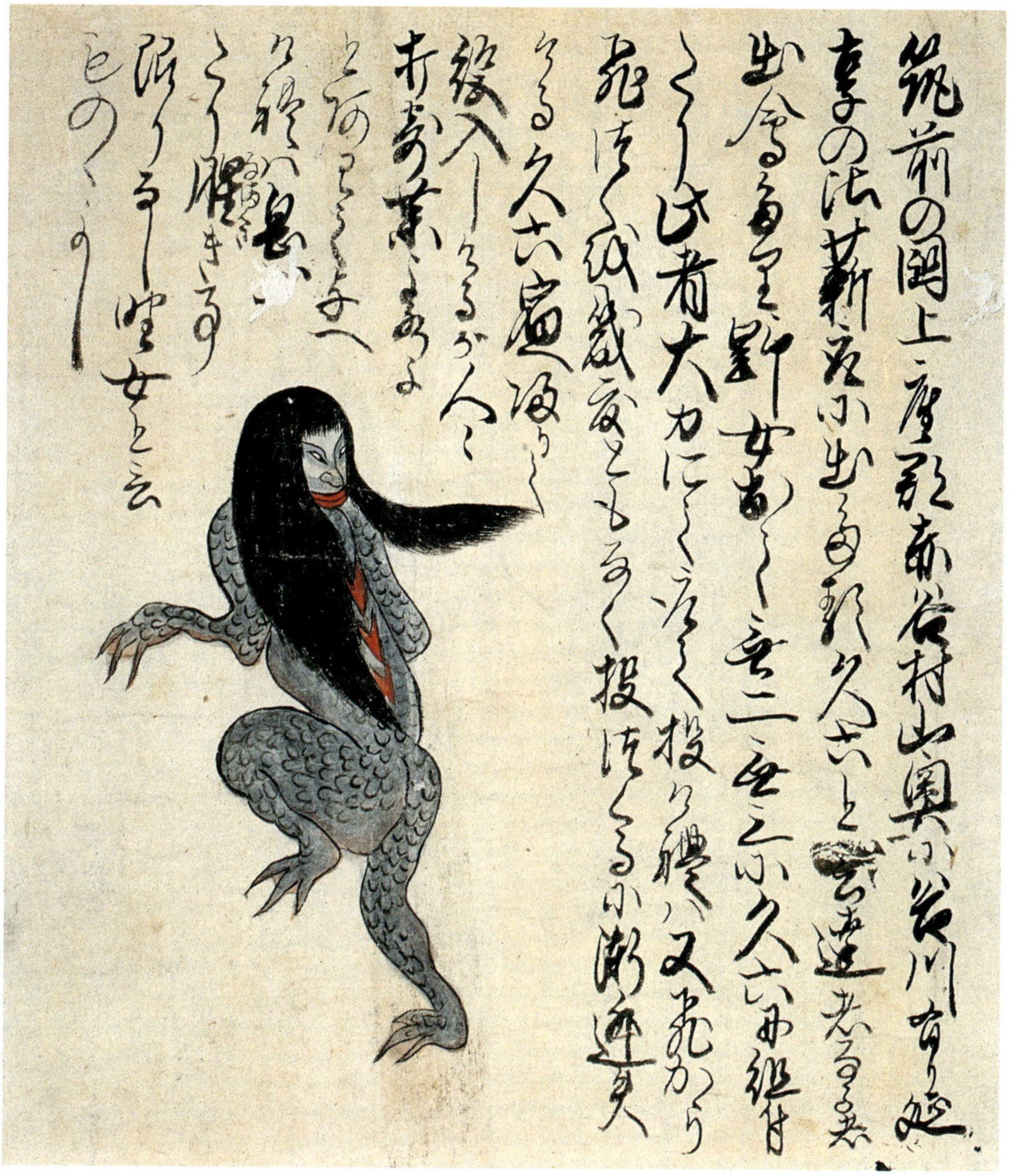

〔野女〕

筑前の国上座郡赤谷村山奥に谷川有り。延享の頃、薪取に出たる久六と云達者なる者、出会たり。野女出て、無二無三に、久六に組付たり。此者、大力にて、取て投ければ、又飛かかり飛つくを、幾度ともなく投つくるに、漸逃失ける。久六宿へ帰りて絶入しけるが、人々打寄、薬よ水よと、あわて与へければ、息［一字不明］たり。腥き事限りなし。野女と云もの丶よし。

筑前国上座郡赤谷村は現在の福岡県朝倉郡把木町赤谷。ここに描かれた野女は河童のような姿で髪が長く、目はつるしあがり、口は大きく赤い。手足の指は三本なので人間でないことがわかる。谷川にいたとあるが、体全体に鱗のようなものが描かれており、水性のようだ。

延享は一七四四年～四八年。

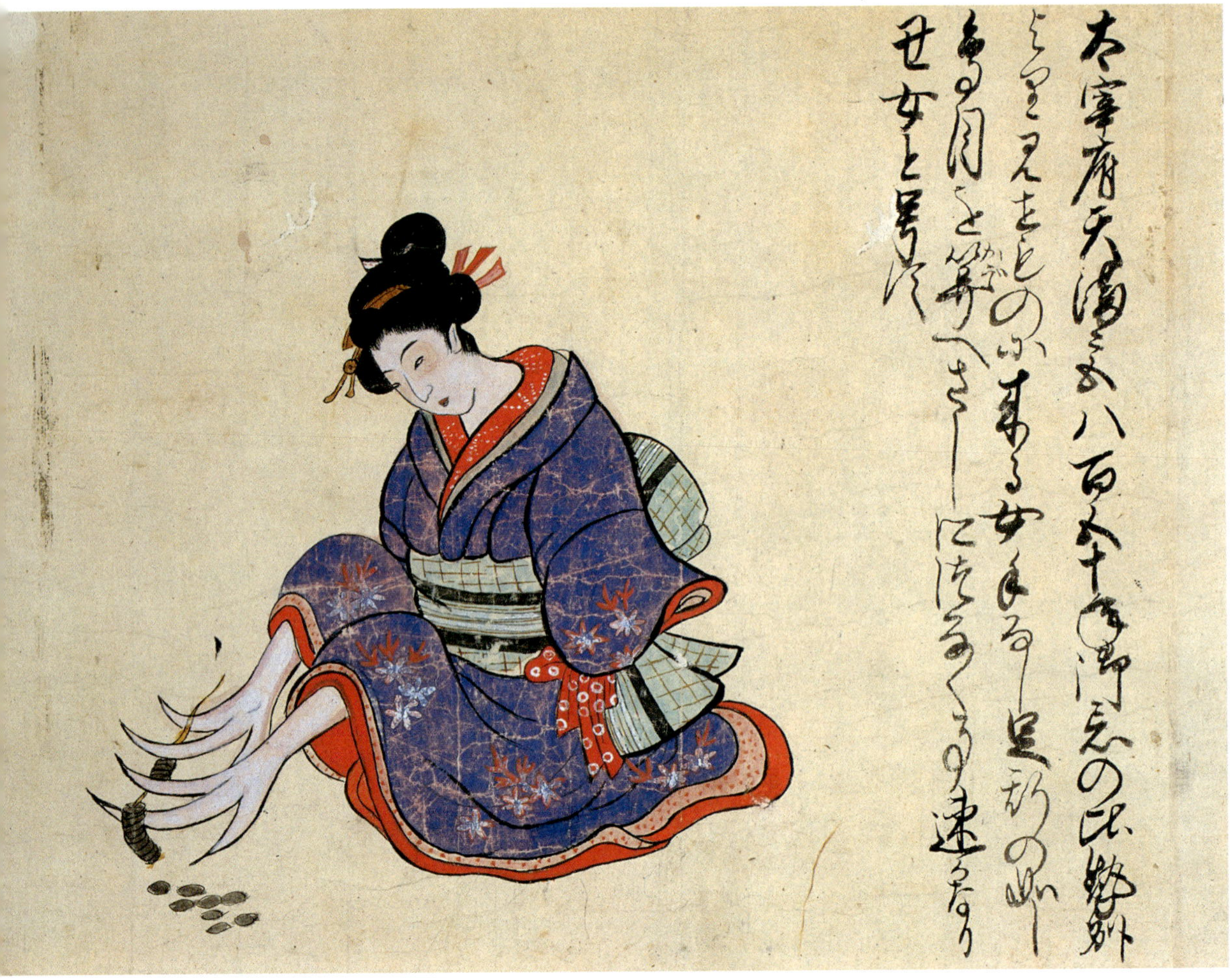

〔丑女〕

太宰府天満宮八百五十年御忌の比、勢別より見世ものに来る女、手なし、足、斯の如し。鳥目を算へ、さし（緡）につなぐ事速かなり。丑女と号す。

太宰府天満宮での見世物の女を記録したもので、身体的特徴を売り物にしている。

「緡」は銭の穴に通す細い縄。

〔ちょうせん一貫婦人〕

てうせん一貫婦人。

百文銭拾文顔と髪とに化たり。よつて丁銭とも書べし。

百文銭として通用している天保通宝が顔となっており、髪も天保銭でつくられた女の姿となっている。一八三五年以降、江戸幕府が鋳造した天保通宝を描いての諷刺画であろうが、詳細は不明。

〔ヘランダの泣夷坊〕

へらんだの泣夷坊。

日本にて泣事をへらんだ云は、唐音と知るべし。

我朝にも、楠正成の時は居たるなれども、唯今はおらんだ。

泣き事をいう坊主に擬してオランダを諷刺しているようだが、詳細は不明。

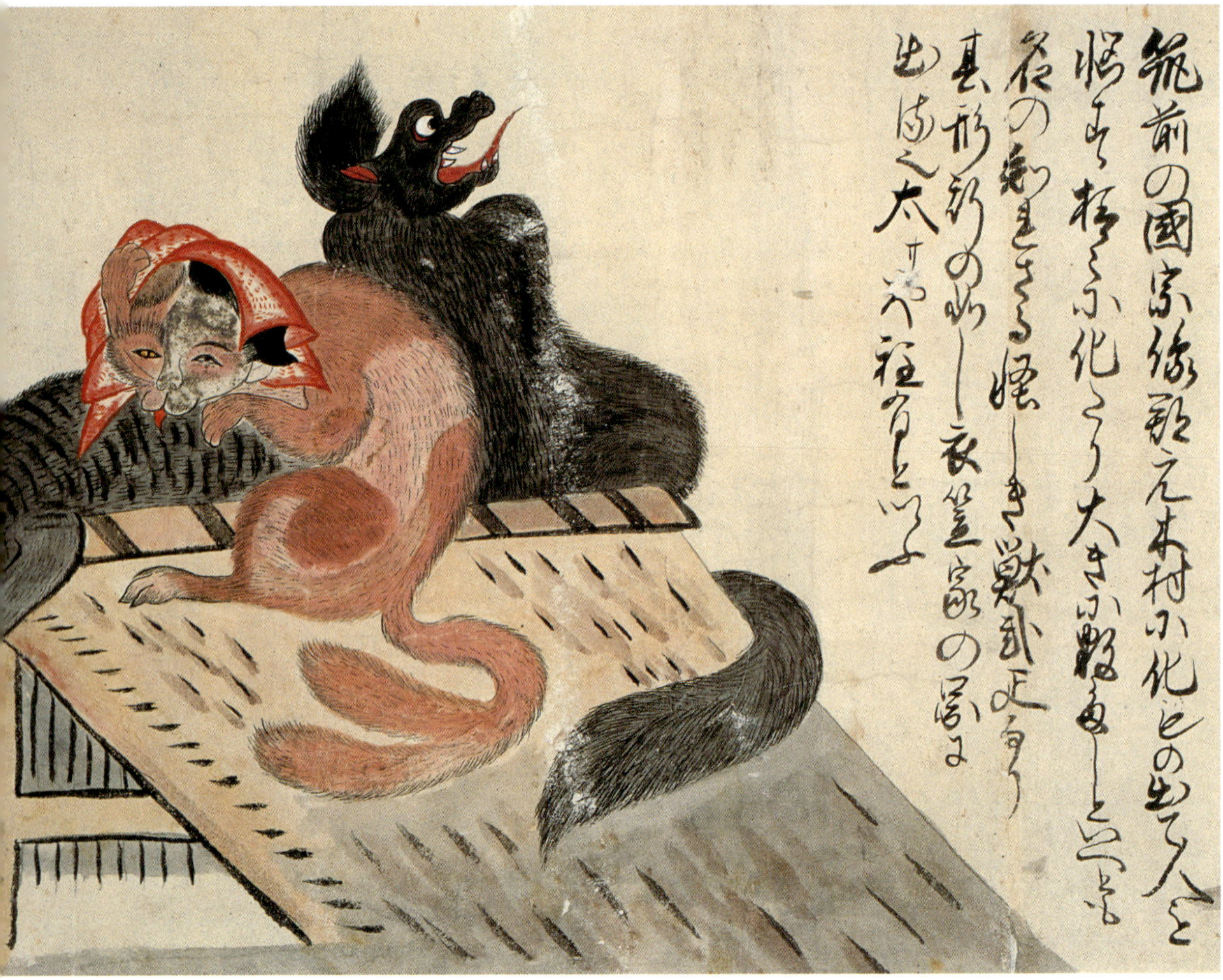

〔元木村の怪獣〕

筑前の国宗像郡元木村に、化もの出て、人を悩す。様々に化たり。大きに数多しといへども、名の知れざる怪しき獣、弐疋なり。其形、斯の如し。衣笠家の図に出る也。太さ犬程有といふ。

筑前国宗像郡元木村は現在の福岡県宗像郡福間町本木。元木村のこの怪獣は長年にわたり村人を悩ますが、最後は殿様より賜った名犬によって退治される。この話は写本や絵巻として伝えられている。

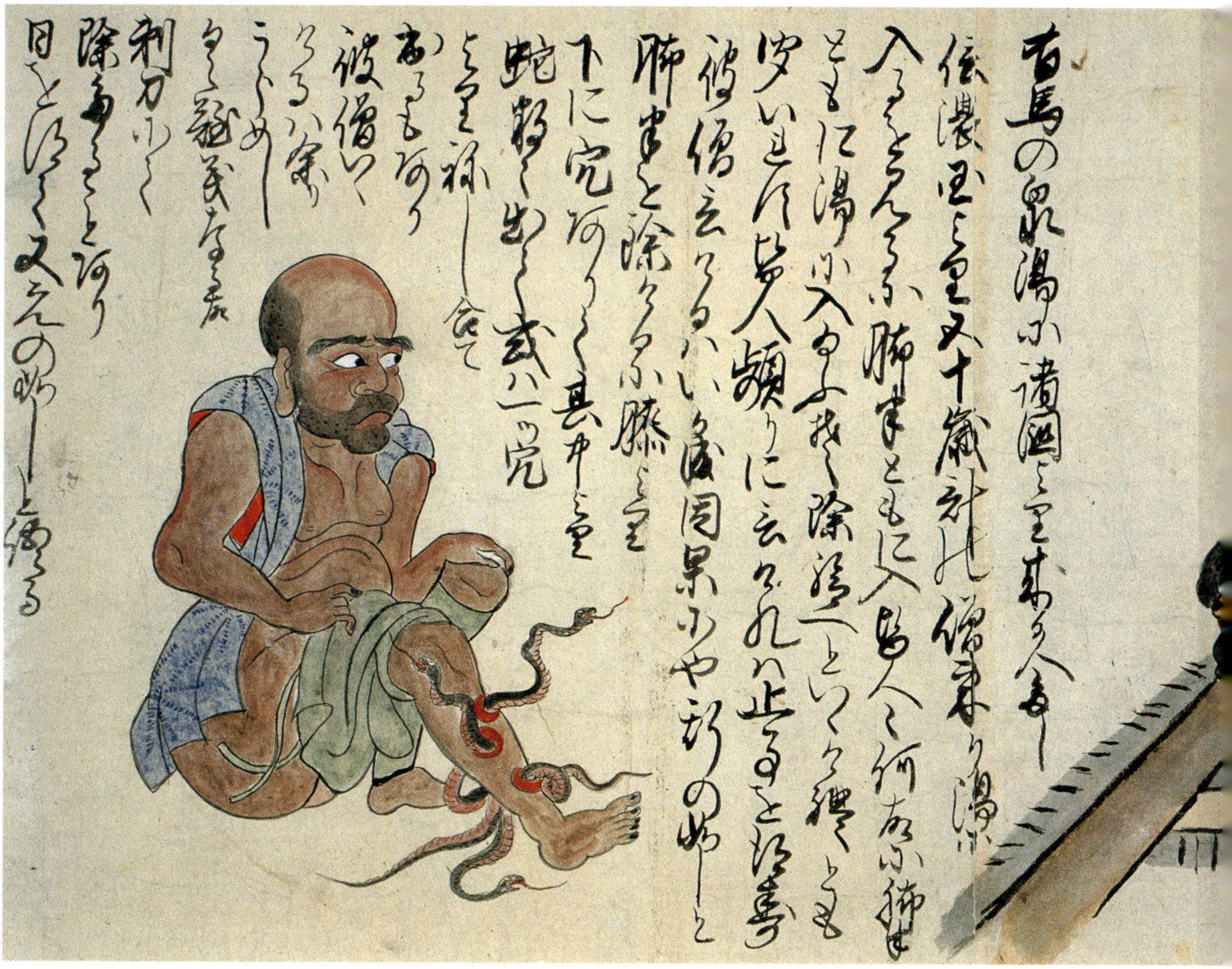

〔足に棲む蛇〕

有馬の泉湯に諸国より来る人多し。信濃国より、五十歳計の僧来り、湯に入るを見るに、脚半ともに入。皆人々、何故に脚半ともに湯に入給ふぞ、除給へといいけれども、聞入れず、皆人頻りに云ければ、止事を得ず彼僧云けるは、いか成因果にや、斯の如しと、脚半を除けるに、膝より下に穴ありて、其中より蛇数々出て、或は一つ穴よりねじ合て出るもあり。彼僧いいけるは、余りうらめしく、難義なる故、剃刀にて除たることあり。日を経て又元の如しと語る。

因縁によって足に蛇が棲む男が脚絆をとらずに温泉に入り人々に訝しがられ足を見せるという話だが、同様の言い伝えは他にもあり、因縁話として広まっていたのだろう。

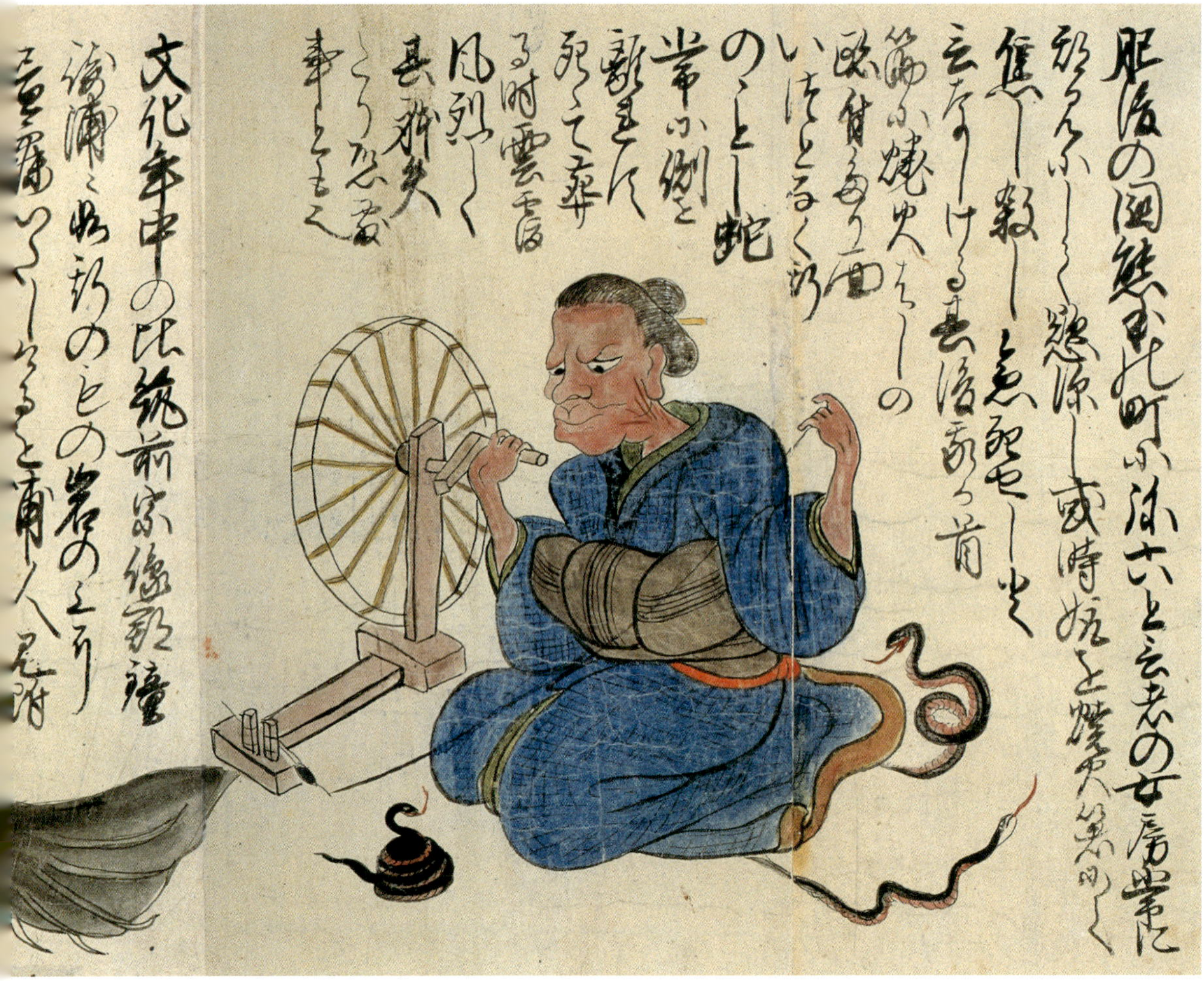

〔弥六の女房〕

肥後の国熊本の町に、弥六と云者の女房、常に邪見にして慾深し。或時、娵を焼火箸にて焦し殺し、急死せしと云なしける。其後、我が首筋に焼火ばしの跡付たり。面いつとなく、斯のごとし。蛇、常に側を離れず、死して葬る時、雲敷風烈しく、其躰失たり。恐敷事ども也。

蛇にまつわる因縁話は多いが、これもその一つである。嫁と姑の争い、焼火箸などが出てくるのも一つのパターンとしてあるようだ。

〔鐘崎浦の珍獣〕

文化年中の比、筑前宗像郡鐘崎浦に如斯のもの、岩の上に昼寝いたしけるを、浦人見附、てんでに棒竹鎗抔を以走り行き、あたりに大はんぎり(半桶)有けるを取て、彼ものの頭を押へんと仕けるに、其はんぎりを引くわへ打ふりて、中々近寄事ならざるを、漸大勢にて、終にたたき殺しぬ。其丈ケ、凡壱丈に及びぬ。福岡に持来りぬ。

江戸時代には見たこともない珍しい獣を何種類も収録した絵巻や写本があるが、そのなかには、実際にいる動物だが見かけないものと、実際には存在しない幻獣とが混じっている場合が多い。アザラシやオットセイなども当時としては河童や人魚と同様に大きな話題となったのだろう。瓦版にも見世物として出されていたことが記されている。文化年中は一八〇四年～一八年。一丈は約三メートル。

〔ミミズを呑んだ山椒魚〕

日本の谷わくどふ唯今さんせう（山椒）みみずを呑(のみ)て腹ぐわい（具合）のところ。

ミミズを呑んだ山椒魚を描いているのであろうが、何かの諷刺と思われる。

真っ赤な巨大魚

北国方(ほっこくがた)の漁父、年々鱶(ふか)を釣(つり)けるが、或時、大鱶を釣たると覚へて、大盤石(だいばんじゃく)を引(ひく)如く、加勢の船頭呼(よび)て、引(ひき)上(あぐ)るに、何とは知らず、六七尺四方あらむと思ふ大頭出(いで)たり。赤きこと朱の如し、眼(まなこ)、鏡のごとし。釣糸、此(この)者の口にあり。何(いず)れもうつぶき（俯き）二目とも見ず、釣糸を切捨(きりすて)て、早漕して逃たりと語りし。

海の怪に巨魚との邂逅談があるが、ここでは六〜七尺（約二メートル）もある頭をもった真っ赤な巨大魚の出現を記している。

〔虎にやあにやあ〕

禅宗の経文に、とら（虎）にやあ〱云（いう）は是（これ）なり。慾深き坊主の顔に似たり。子がまた至（いたっ）て手がながし。丁銭を好んで、地獄銭筒の竹に住む。しかも、だいのねこなで也。

あたまたたかれても、手を出してゐるがかちじや。

これも先に出てきた強欲の僧の妖怪と同じ類で、諷刺画として描かれたものであろう。

蝦夷の狼

〔蝦夷の狼〕

蝦夷の狼。
蝦夷人に聞に、日本の狼に違事なきよし云り。此図は、全く虚のゑぞといへり。

蝦夷（北海道）人から聞いた蝦夷の狼を描いているが、「虚のゑぞといへり」は「虚の絵ぞ」と「虚の蝦夷」をかけたものであろう。骸骨を前足で押さえている姿は何かの比喩だろうか。

〔天竺の宿借り／イギリスの蟻／カピタンの螻蜓〕

天竺の宿借り。

蟹そら出た〱。

旦那が寝酒はこつちにゆら〱、さいきてこの。

イギリスの蟻なり。至てうらめしきものの如し。日本にてうらめしきものを、ありわしたりと云は、是より云伝へたるものか。

カヒタンの螻蜓、八十年を経て如斯なるよし。

エ、老いた〱〱ゑつさ〱

やれこいやれいけはんりやあゑし〱〱

天竺、イギリス、カピタン（オランダ船の船長や長崎のオランダ商館長を指す）と、外国を奇抜な姿の動物に擬しているが、これらはいずれもこの絵巻のオリジナルの妖怪であろう。こんなところからも、この絵巻が制作された時代性が窺われる。

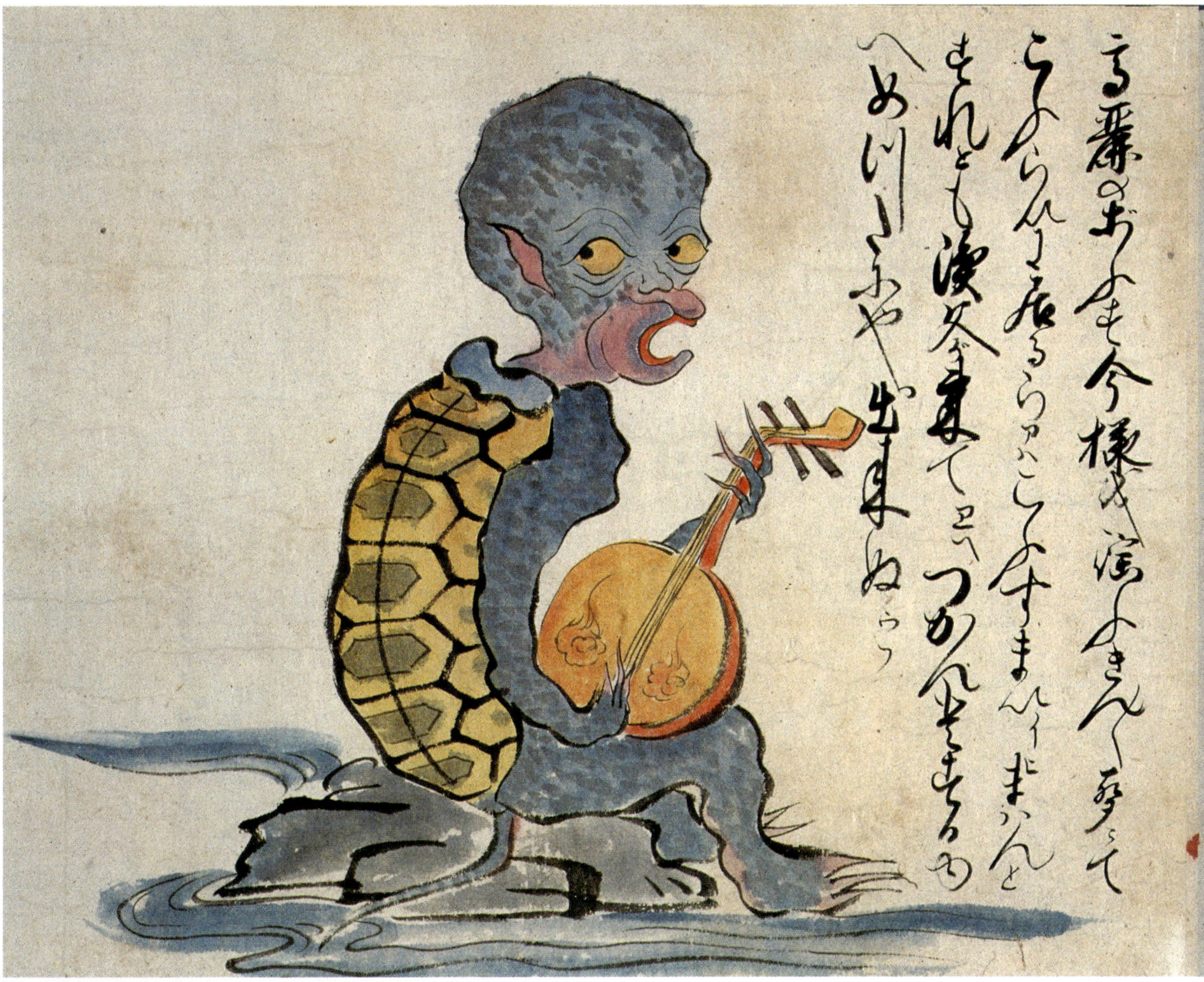

〔高麗の坊主〕

高麗(こうらい)のぼふず（坊主）今様を謡ふ。きん〳〵声にてこふらい（高麗）に居るらァハ、こふすまいイヒ、ま（舞）はんとすれども漁夫が来てェヘ、つ（突）かんとするゆへめつたにや出来ぬゥフ。

河童のような姿をした僧が月琴を奏でながら歌う様子を描いている。これを高麗(こうらい)の坊主と名付けているところから朝鮮を河童のような坊主に擬しているのであろう。

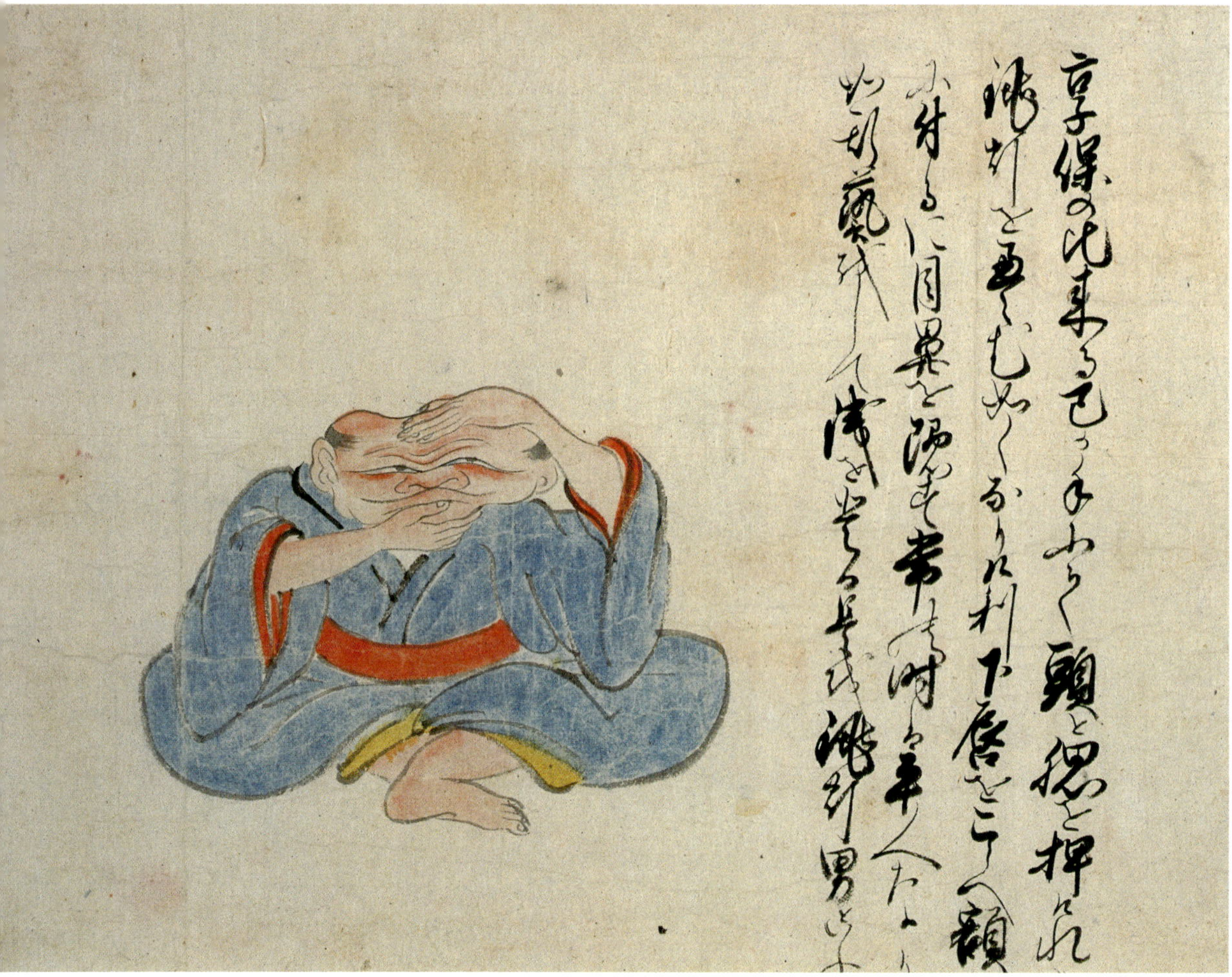

〔提灯男〕

享保の比来る（ころきたる）。手にて頭と腮（あご）を押（おし）ければ、挑灯（ちょうちん）をたゝむ如くなりけり。下唇をこらへ額に付る（つく）に、目鼻を隠す。常の時は、平人なり。如斯（かくのごとき）芸をして、銭をとる。是（これ）を挑灯男といふ。

享保は一七一六年～三六年。
これも、身体的特徴を見世物とする者を記録した一例である。

〔うぶめの怪〕

上座（かみつあさくら）郡（こおり）に居、屋源蔵と云（いう）者、女房、難産にて死（しに）けり。七日経て、毎夜、げん蔵がかど（門）に立（たち）て、あふひ（大い）に泣（なく）。其（その）声、うらめしき事、云ばかりなり。

上座郡は現在の福岡県朝倉郡。難産によって死んだ女性が現れるという話は各地に多数伝わっている。ここでも子供を抱いており、ウブメを描いているのだろうが、幽霊のように足がないのが特徴だ。

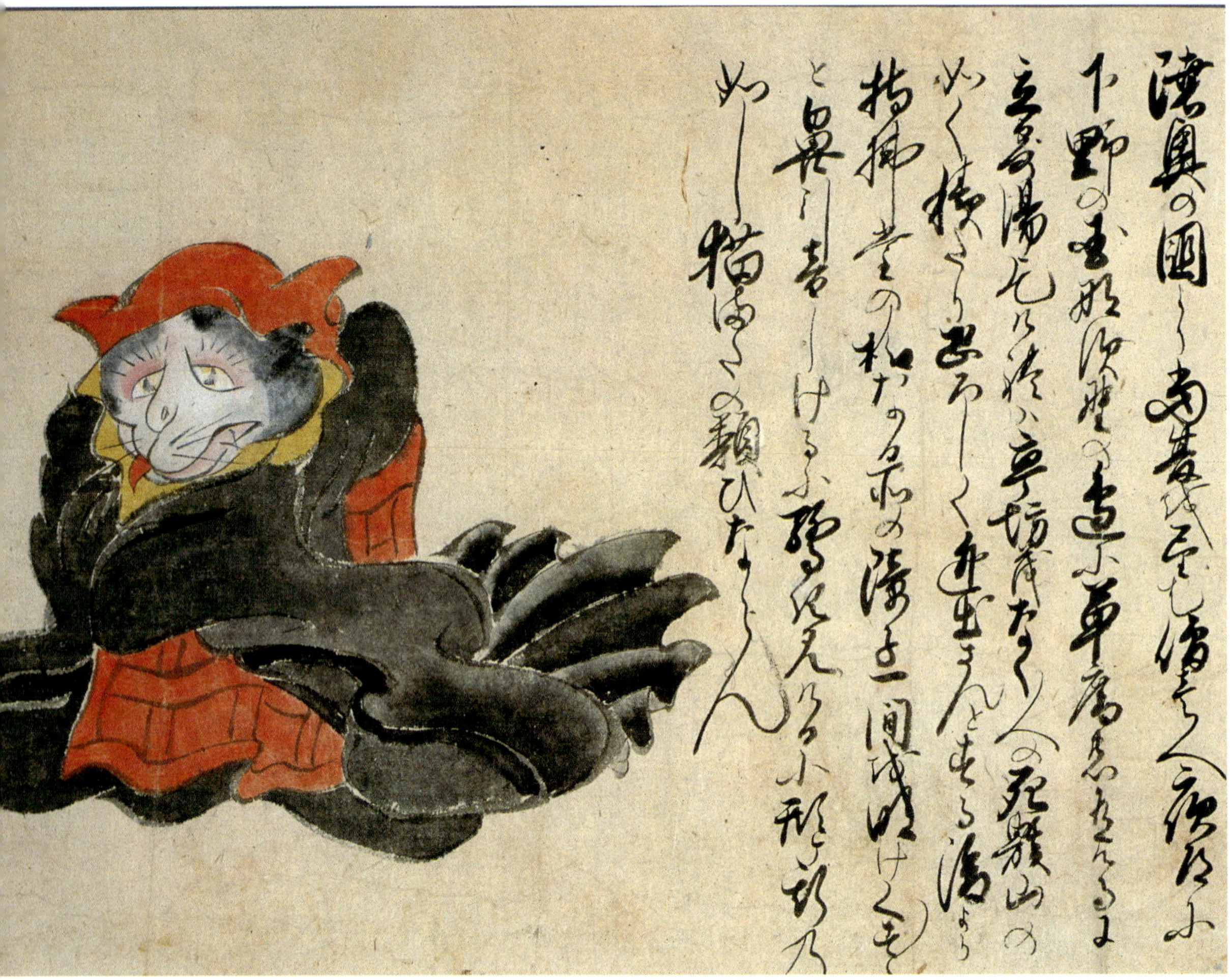

〔猫また〕

陸奥の国より当処を過む僧壱人、夜道に、下野の国那須野の辺に草廬の有けるに、立寄、湯乞ければ亭坊もなく、人の死骸山の如く積たり。恐ろしく逃出さんとする後より、持仏堂の扣なる所の障子一間を明け、くす〳〵と鼻引音しけるに驚き見けるに、形、斯の如し。猫またの類ひならん。

廃堂の僧侶姿をした猫の妖怪を描き、猫またの類と記している。「猫また」とは、年を経て、人をあざむき、人を喰らう猫で、尾が二つに分かれている。猫の怪は数多く、これもそういったなかの一つといえよう。

〔河太郎〕

河太郎という者なるが、人を喰ふ。相撲を好(このむ)。頭にくぼみあり、水溜る。水なきときは力なきよし。

河童伝説は各地にあり、そこに登場する河童の姿も何種類もあるが、この河童もそんななかの一つであろう。河童は人を水に引き込み、尻子玉(しりこだま)を抜くといわれているが、ここでは直截的に「人を喰ふ」という記述がなされている。

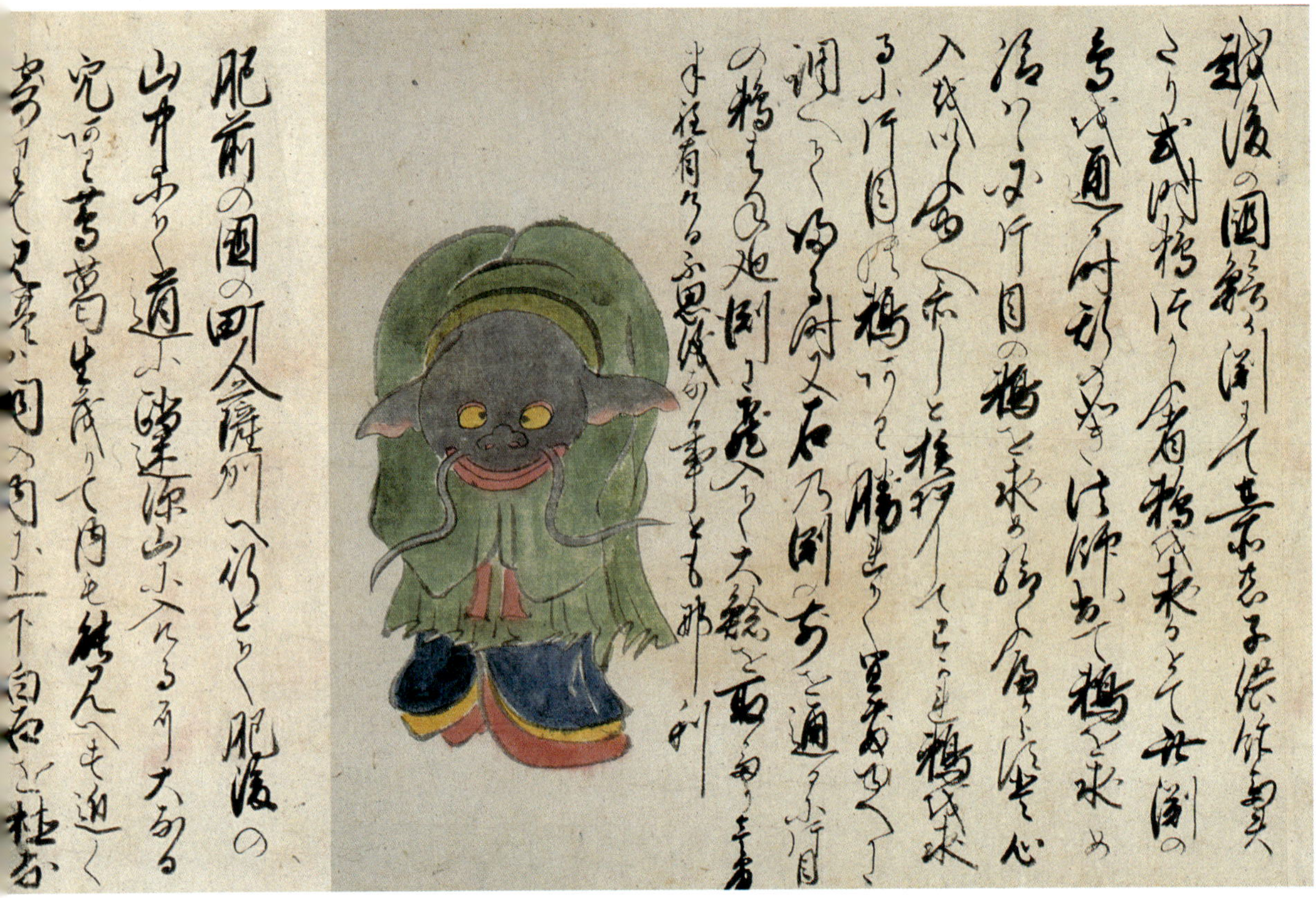

〔僧に化けた鯰〕

越後の国鯰ヶ渕にて在所の子供余両失たり。或時、鵜つかふ者、鵜を求るとて、此渕の辺を通る時、斯の如き法師出て、鵜を求め給はば、必片目の鵜を求め給ふべからずと、心入をいふゆへ、忝しと挨拶してわかれ、鵜を求むるに、片目の鵜あり。勝れて買処ゆへに調へて帰る時、又右の渕の前を通るに、片目の鵜はね廻、渕に飛入て、大鯰を取たり。壱間半程有ける。不思議なる事どもなり。

鯰が僧に化けた姿を描いている。年を経た鯰が川で音をたてる悪戯をするという言い伝えがある。ここでは鯰のような僧が鵜飼いに片目の鵜を飼うなと忠告し、その後、片目の鵜によって一間半（約二七〇センチ）もある大鯰が捕まったという不思議を記しているが、同じような話に、麦飯茶屋で麦飯を食べた者が鰻釣りを戒め、その後、茶屋の主人が鰻を釣って腹を割くと麦飯が出てきたという鰻の怪がある。

〔大穴の怪〕

肥前の国の町人、薩州へ行とて、肥後の山中にて道に踏迷、深山に入けるに、大なる穴あり。蔦葛生茂りて、内も能見へず。近く寄りて見れば、洞の内に、上下白石を植ならべたる如き歯あり。紅の舌朱をそそぎきたるがごとし。二目とも見ずして、逃たり。漸家路に着て、人に語るに、むかしより、其穴有と云伝ふといへども、恐れとも二度帰らず、御身は能も帰られしと、所の者も不思議の事と、恐れい（言）いし。

大きな口を開いた不気味な姿は鳥山石燕の『画図百鬼夜行』や『百怪図巻』に描かれている「赤舌」「赤口」を彷彿させる。舌が赤いことも記されており、「赤舌」との関連が指摘できるのかもしれない。

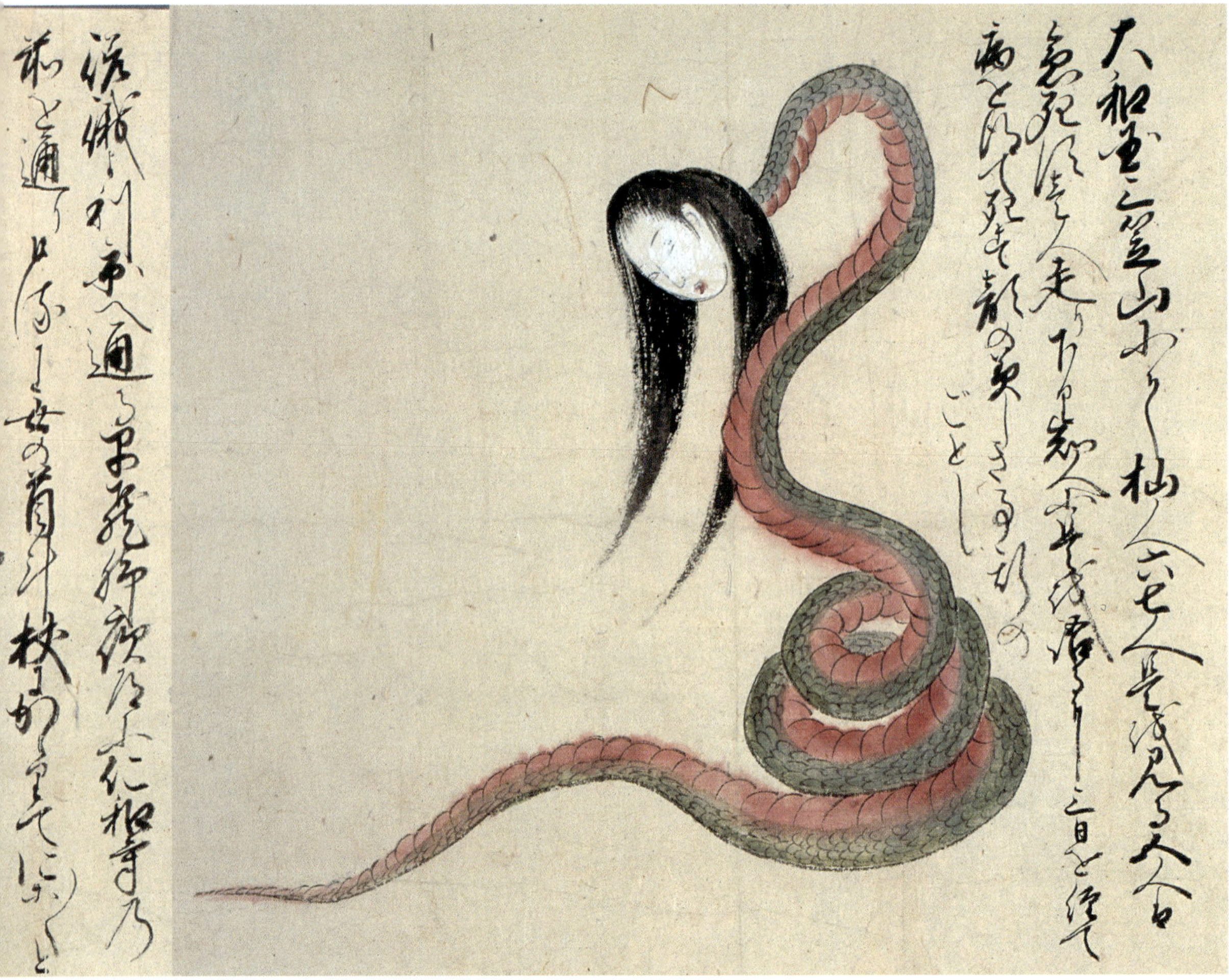

〔蛇体の女〕

大和国三笠山にて、杣人（そまびと）六七人、是（これ）を見る。五人は急死す。壱人、走り下り、知人に是を語るに、三日を経て、病を得て死す。顔の美しき事、斯（かく）のごとし。

『画図百鬼夜行』などには女性の顔で体は蛇という「濡女（ぬれおんな）」が描かれている。ここに描かれた妖怪も濡女に類したものであろうが、濡女は恐ろしい顔つきなのに対して、ここでは美女として描かれている。

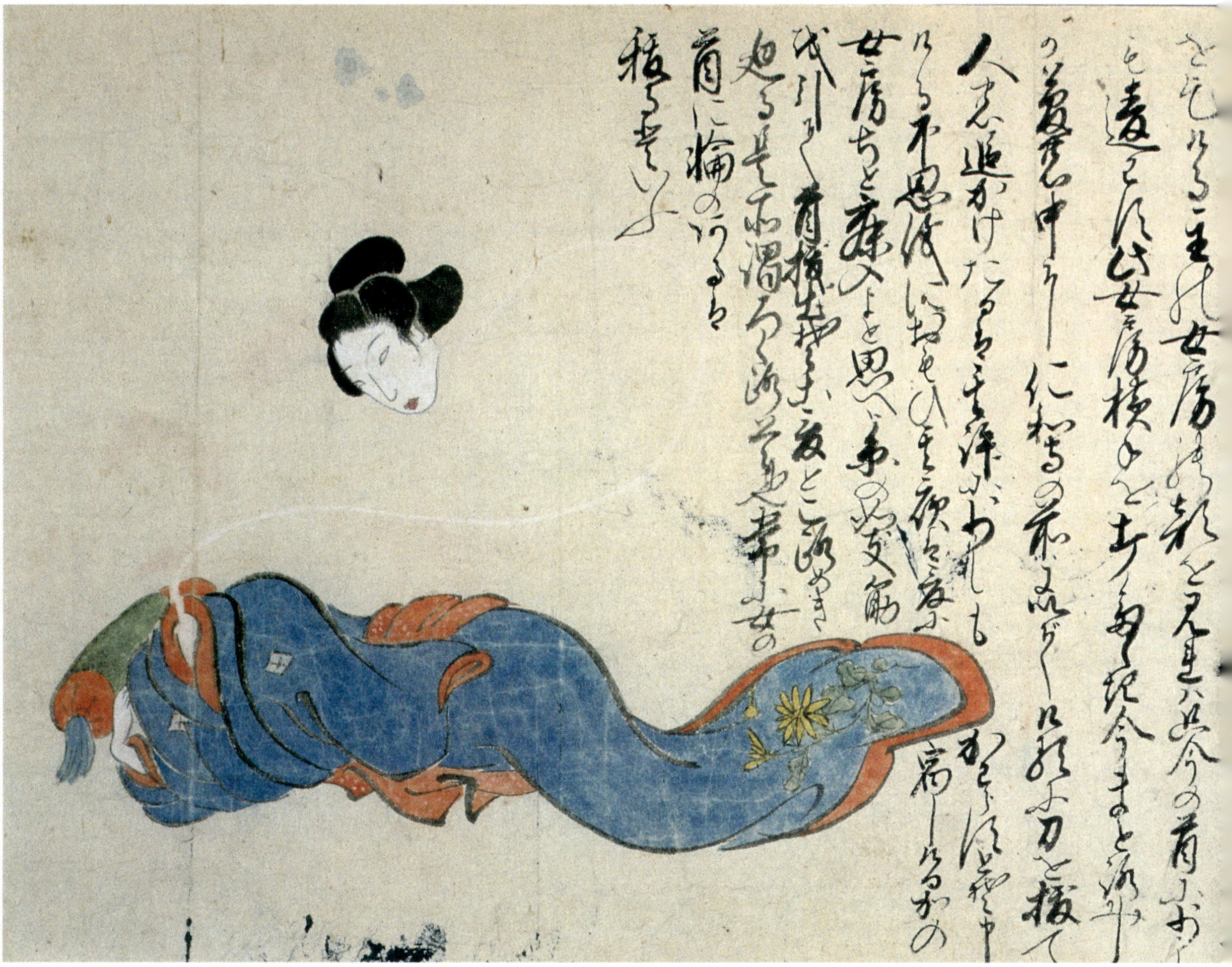

〔轆轤首〕

嵯峨より京へ通る早飛脚、夜道に仁和寺の前を通りけるに、女の首斗枝にかかりてにこ〱と笑ふ。飛脚、刀を抜て、切払ひければ、失て見へず。其方角の小家に、火の見へしをしるして、尋行、水を乞ける。主の女房の顔を見れば、只今の首に少しも違わず。此女房、横手を打たたき、今まどろみの夢の中に、仁和寺の前にいでけるに、刀を抜て人の追かけたるは其許に少しもかわらずとぞ申ける。不思議におもひ、其夜は爰に宿しける。かの女房ちと寝入よと思へば、糸の如き筋を引て、首抜出そこ爰ところめき廻る。是所謂ろくろ首也。常に女の首に輪のあるは抜るといふ。

轆轤首の話は多数伝えられているが、これもその一つといえよう。轆轤首には首が伸びても体と頭は離れないものと、まったく体から頭が離れて遠くまで飛んで行くものとがあるが、ここでは後者のようだ。

〔見越入道〕

筑前の国、那珂郡の百姓、用事ありて、村より村へ夜道を行に、聞ゆる魔所あり。その所にて、斯の如き見越入道、後よりわつと走りきたり。されども、此男気姓（気丈）なるものにて、うしろざまに薄鎌を足に切込み、引組て、難なく仕留たり。能くみれば、年古き狸なり。

坊主頭の巨人で、背後から人の頭を越しておおいかぶさるように人の顔を見る見越入道の話は各地に伝えられているが、ここでは狸が見越入道に化けたという話である。

この絵巻のなかで唯一、解説の付されていない妖怪である。『画図百鬼夜行』などに描かれている「元興寺(がごぜ)」のような姿をしているが詳細は不明。

土佐お化け草紙

【佐川町本】

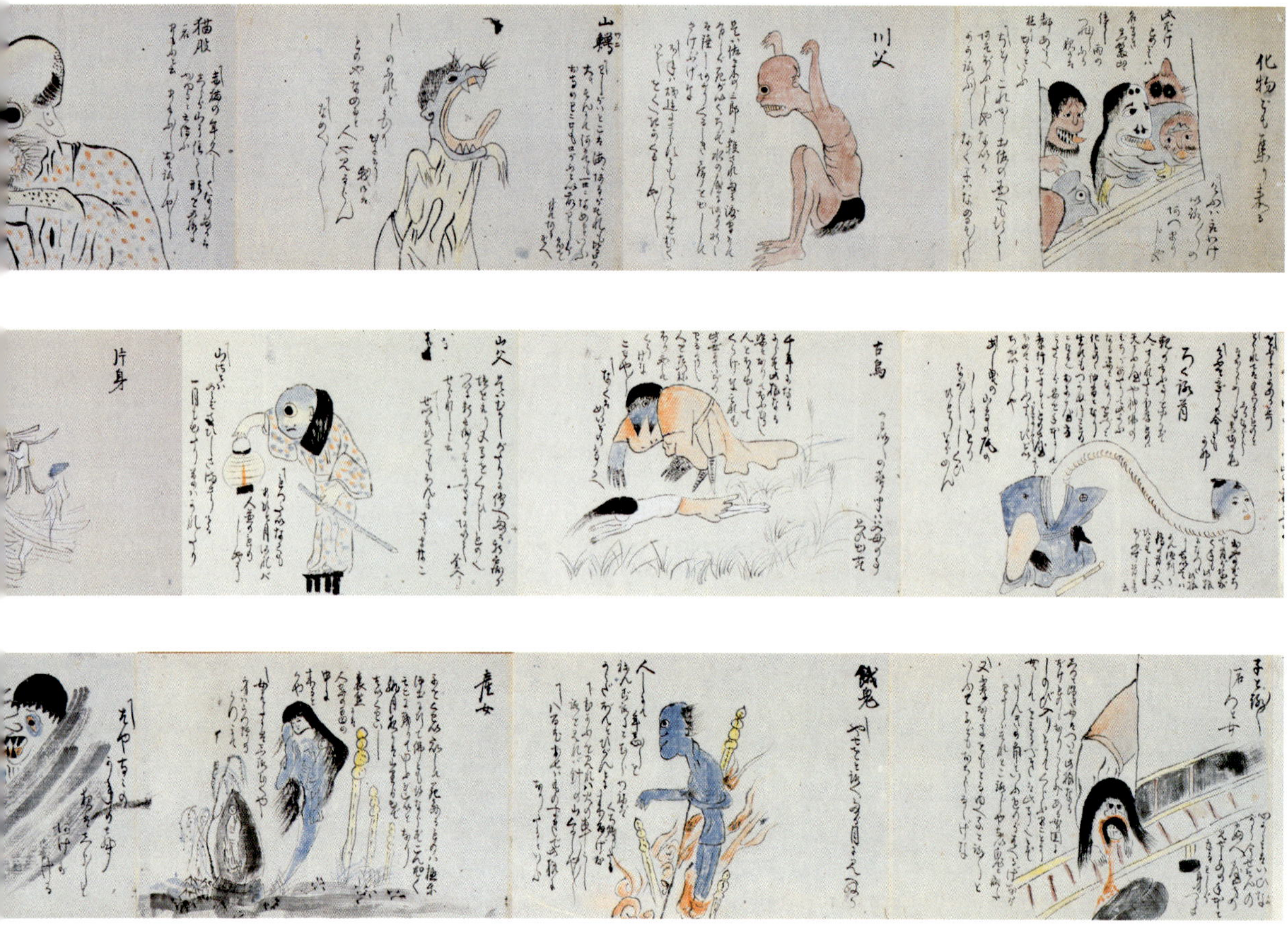
化物ども集り来る
川父
山精
猫股
ろくろ首
古鳥
山父
片身
餓鬼
産女

【堀見家本】

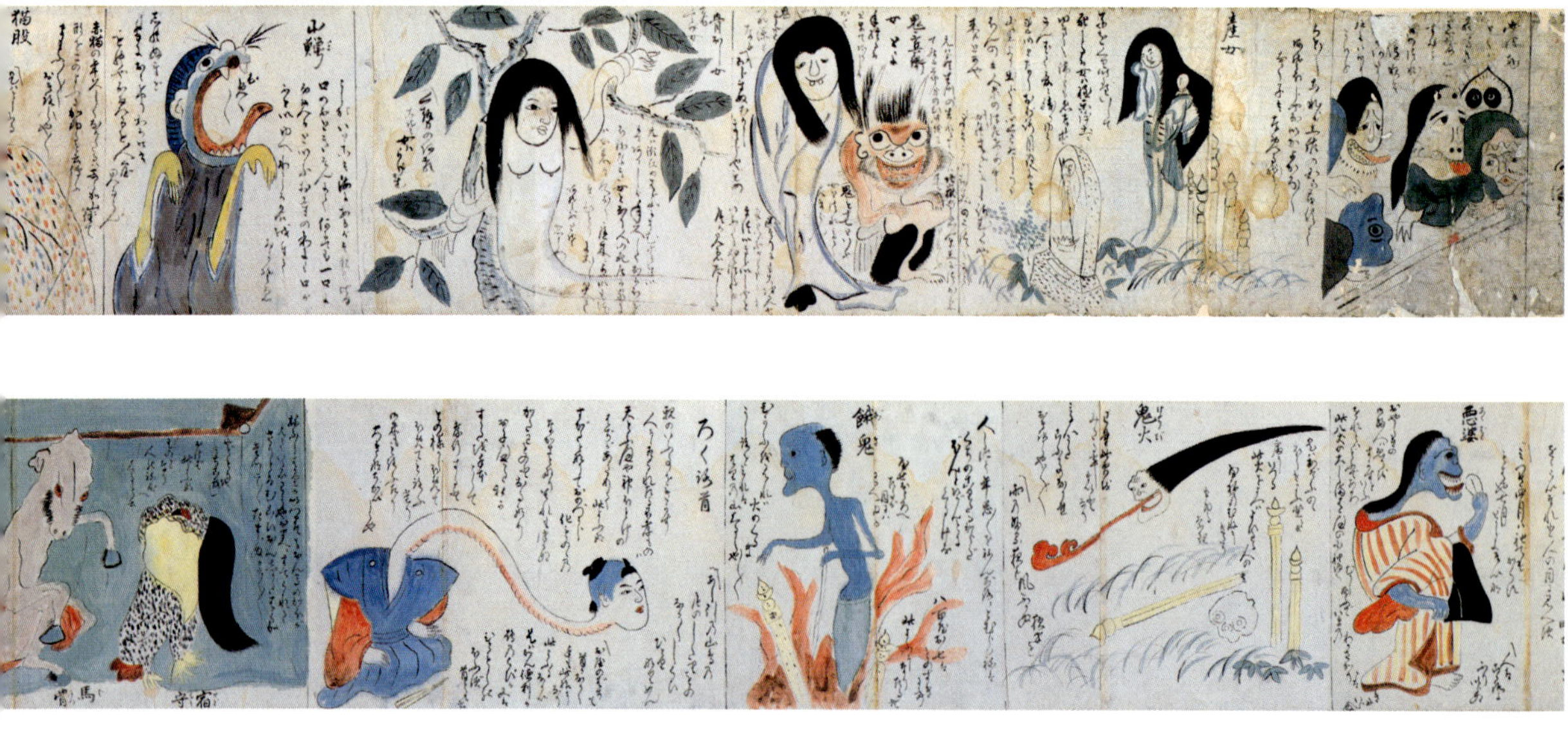
産女
山精
猫股
鬼火
餓鬼
ろくろ首

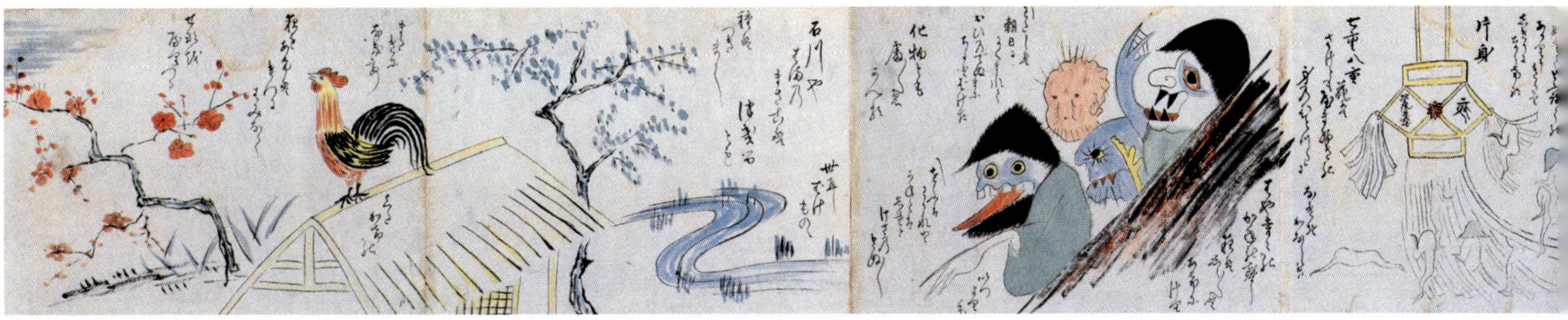

【佐川町本】

【堀見家本】

化物ども集り来る

けふ（今日）は取わけ、いろ〳〵のあつまりじや。此化物どもは、名高き黒髪山にすみて、雨のつれ〳〵降る夜は、都あたりへ遊にいでりといふ。

ちと〳〵、これより、土佐の国へも行てあそぼじやないか。よかろ〳〵。なく子はなめるぞ、〳〵。

黒髪山にすむ化物たちが土佐へとやってきたところ。このあと、さまざまな化物たちが登場する。（翻刻は〈佐川町本〉に拠って補完）

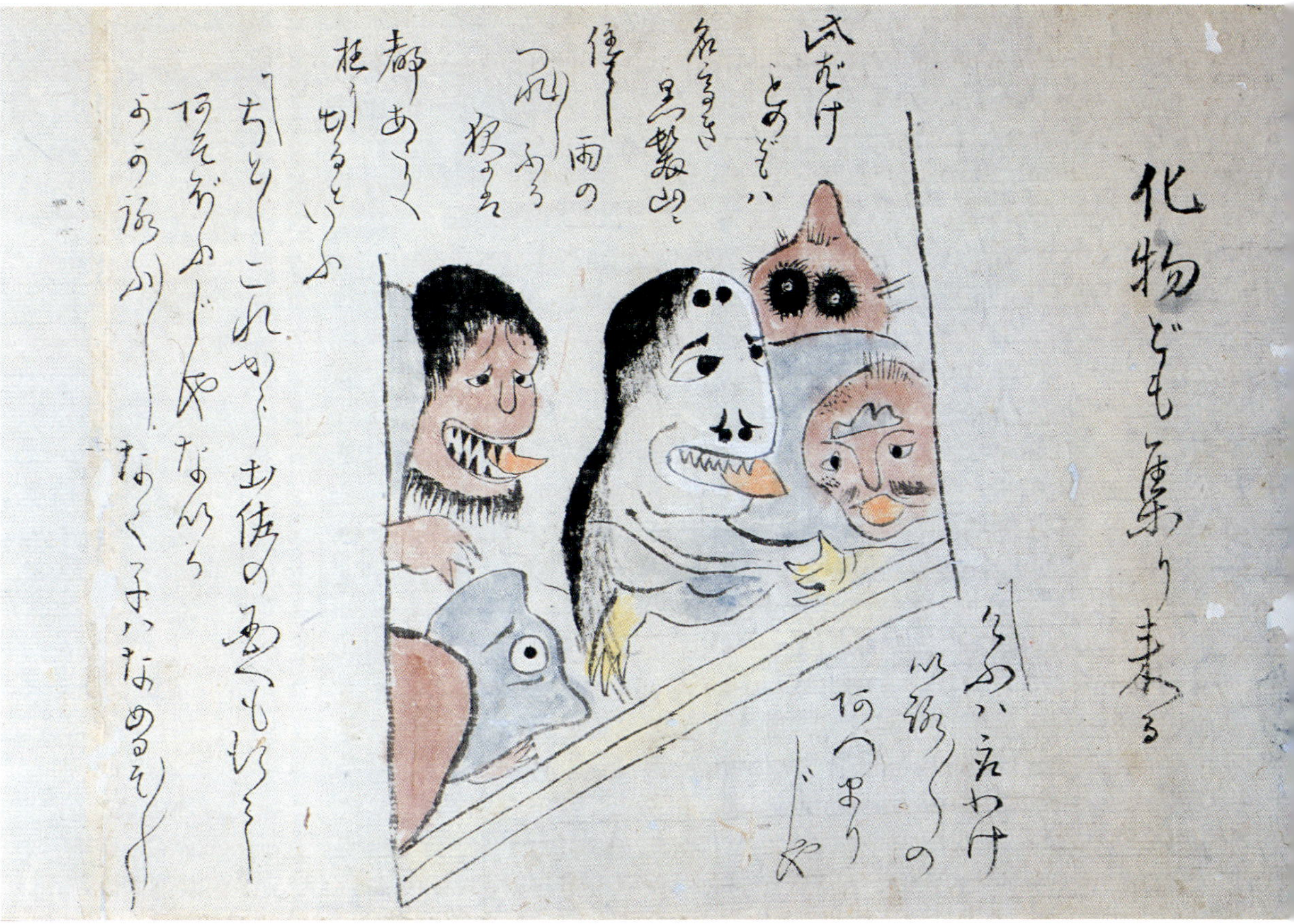
化物ども集り来る

産女

産女

子をくわいたい（懐胎）して死したる女は、極楽浄土にゆきて仏とも成ならず。こんぱく（魂魄）爰に残り、ゆうれいとなり、おぼろ月夜には、山里より出で、はいくわゐ（徘徊）し、うらぼん（盂蘭盆）の日、人家のはたけの中に来るとかや。

女のはだにしろむく（白無垢）や、身はうつせみ（空蝉）のうつゝにて。

産女（うぶめ）は懐胎して死んだ女性の妖怪で、各地に言い伝えがのこされている。ここでは背景から、墓場より出てきたことがわかる。

産女

子をくんで死したるものは八種衆
生まれて佛ともならずむくろく
さいさ残りもゆかずとぞあり
親月おそろしき山里あたりも
あらくさい
裏あに
人家の田の
中をや
あるを
やハ裏を
中や
一女を見そうなるもらもや
りもろもろ帰り

産女

子をくんで死したる女ハ八種衆生ふと
なりて佛ともならすむくろくさ
んそくとなりあまり残りもゆかす
山里より出ぶ人家のはたあやねー
らりのもの人家のはたあやこうら
ねんとや

鬼宝衛
女とよ
えハ死したる者門の生水よい
てみる帝人のひいをちに
地獄の
のくれく

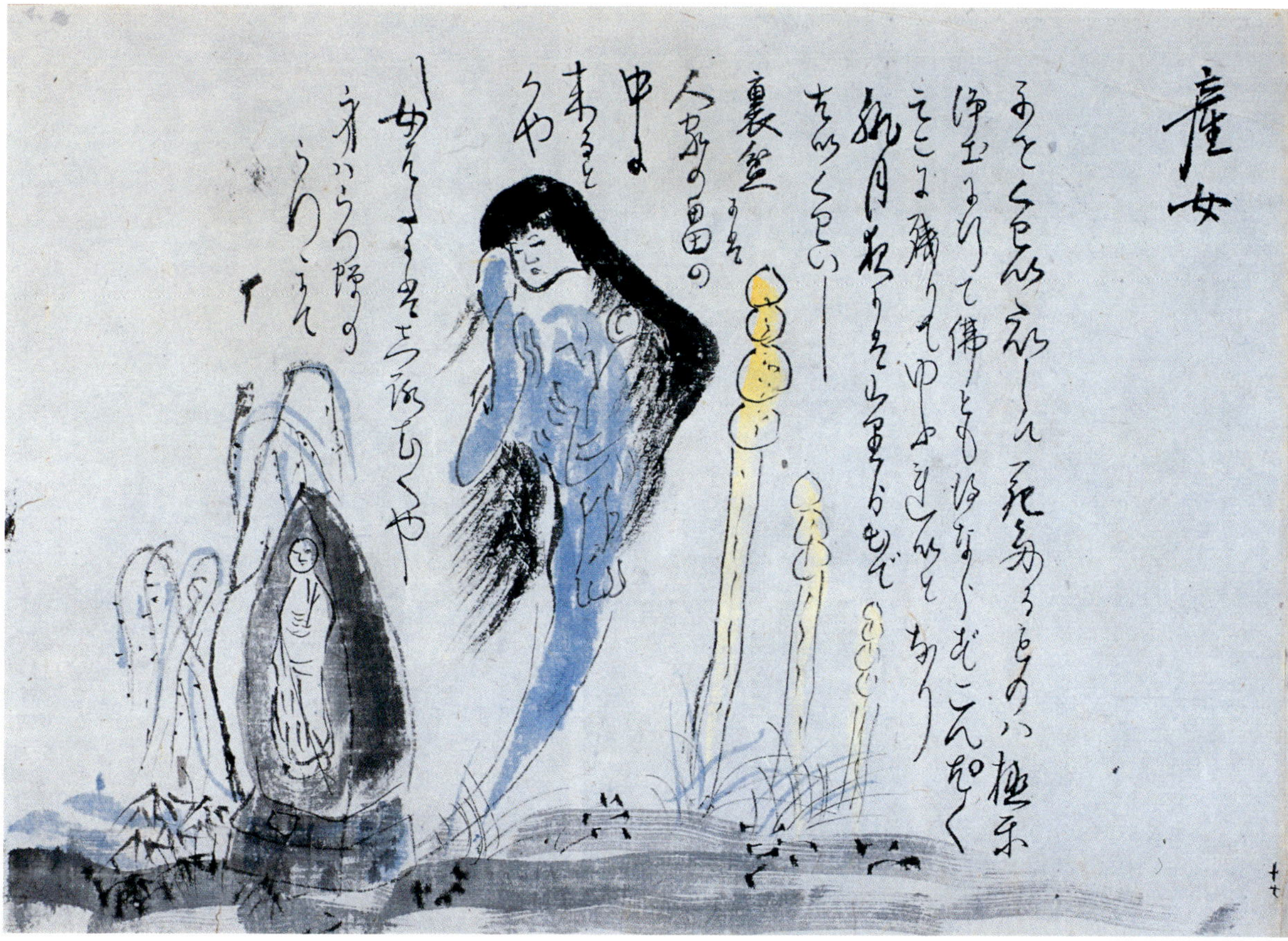

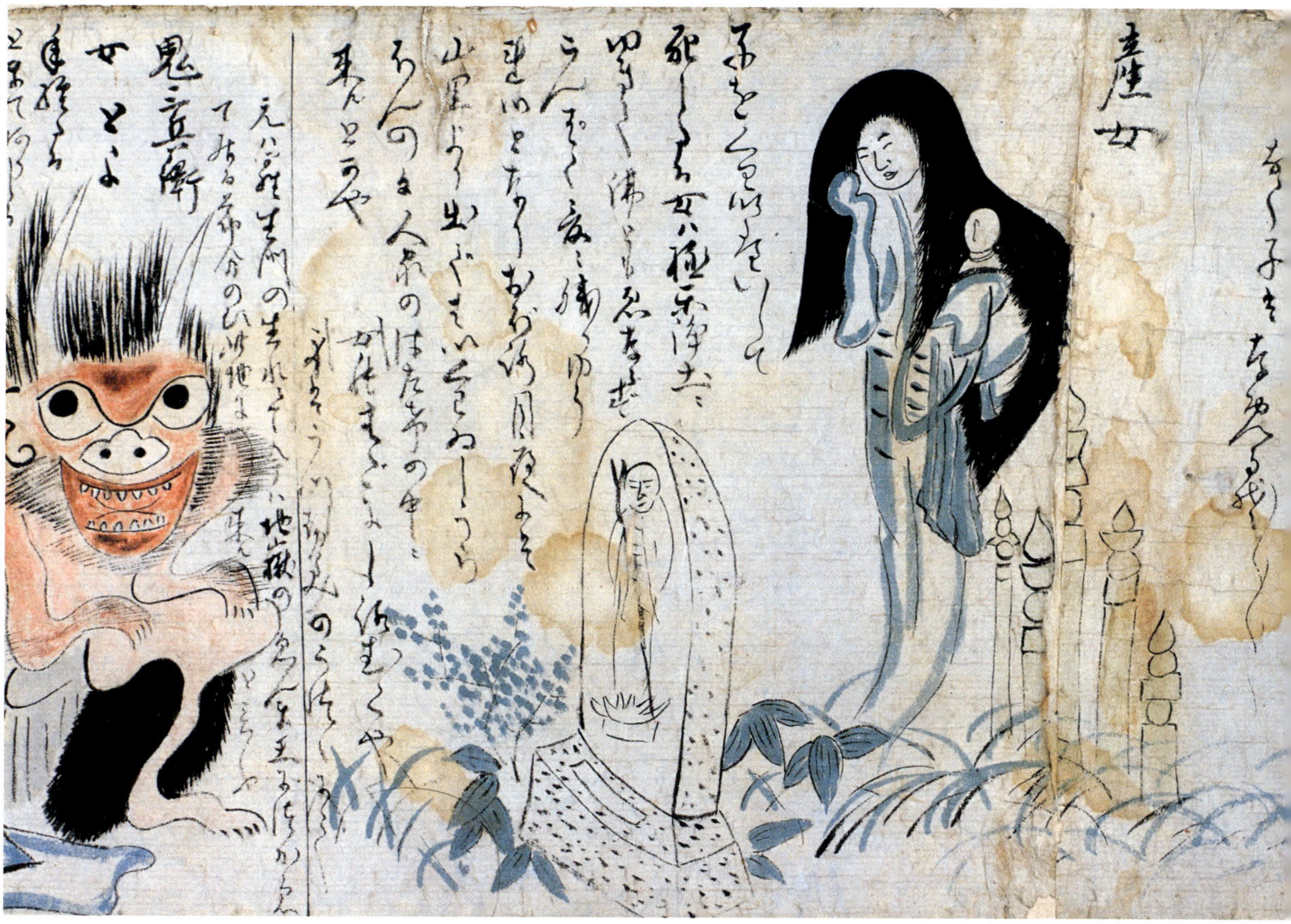

鬼三兵衛　女とよ

元は羅生門の生れにて、今は地獄のゑんま（閻魔）王につかゑて居る。節分の頃、此地に来ると云ふ。

鬼も十七といふ、女とつれ立てたまらん。

年経たるとまてありしが、かく姿をかく。鬼三兵衛とつれ添となる。歯そりにもちを見せなといふが、わたしはきついきらいじやといふておつたが、尾が見ゑだした。

なじまぬむかし、ましじやもの。


鬼三兵衛は節分の頃に当地に来ると書かれているので土佐に伝えられた話であることがわかる。

〈佐川町本〉では、〈堀見家本〉の「女とよ」が「女とま」になっている。

骨なし女
一名くらげ女

元は潮江のはゞ山にすむゆうれいにてありしが、年久しくなるほど、ほね（骨）なき女となり、人の死たる家には必来り、夜な〱、庭木によれもつれ、ひとりにこ〱笑てあそぶとぞ。恐しや。

くせのあるこそ女はよけれ。

潮江は現在の高知市内の地名。幽霊が骨なし女になったと記されているが、足が描かれていないのはそのためだろう。

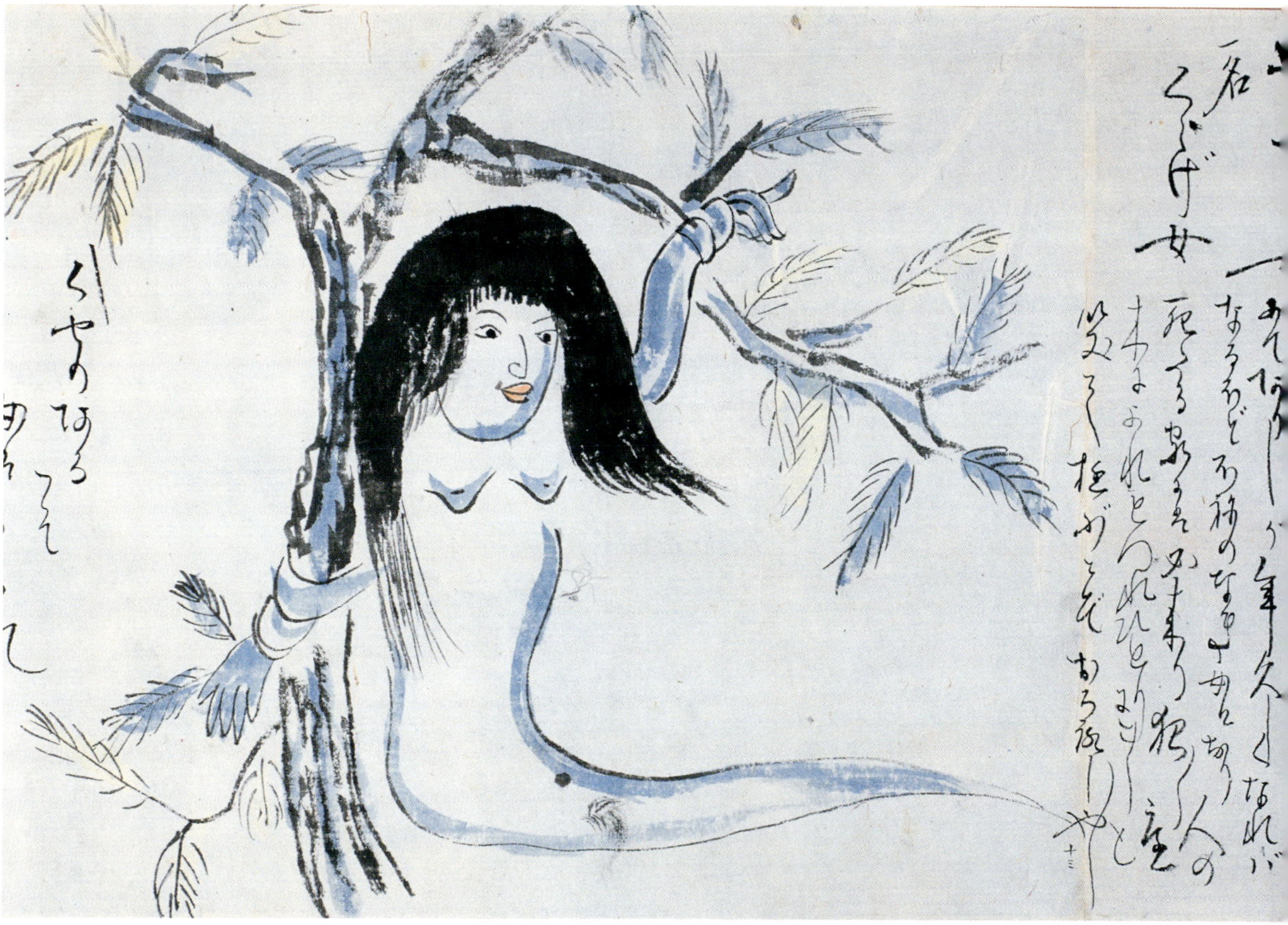

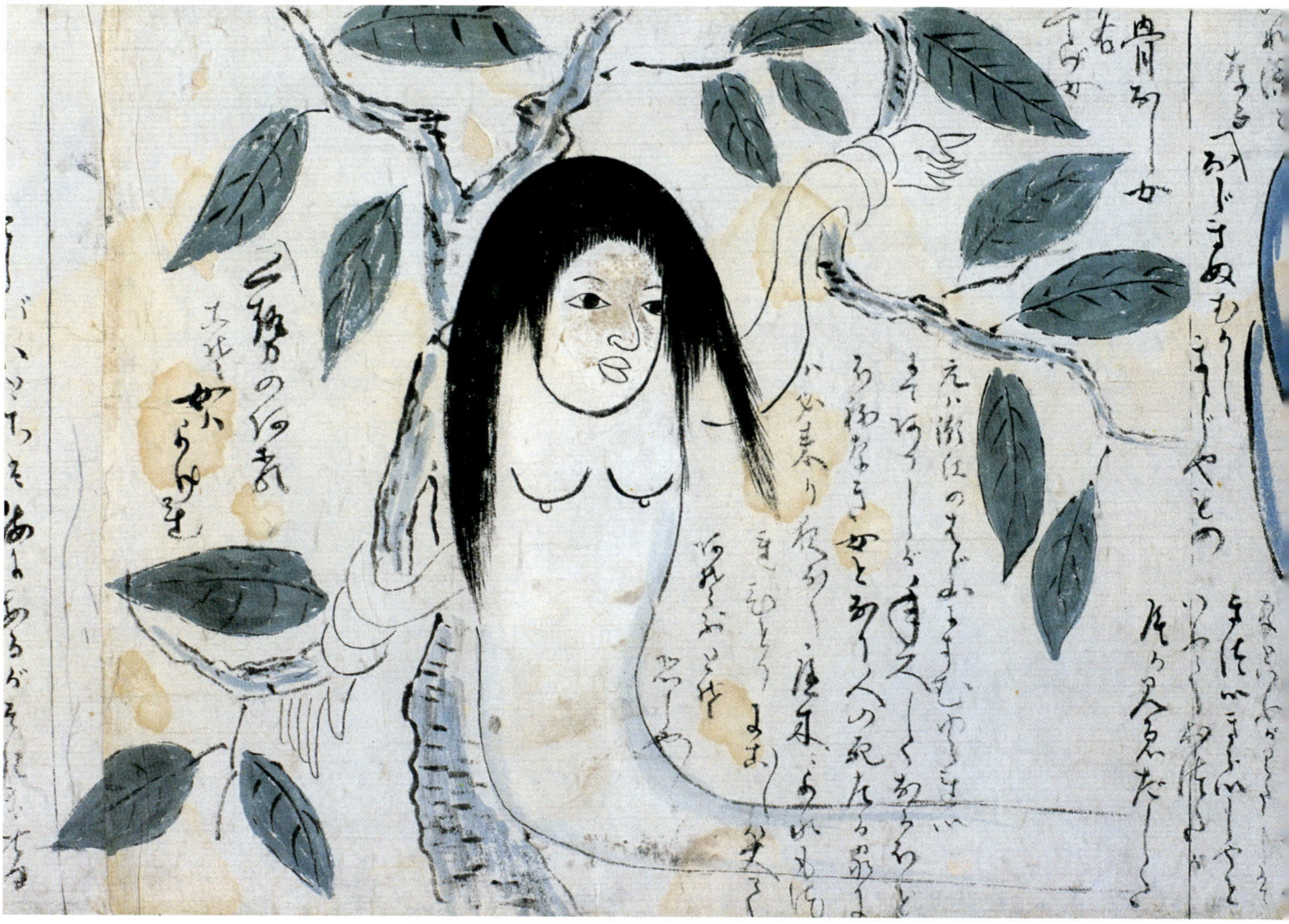

一名
ぬらげ女

山鰐（わに）

わしがいとこは海にあるが、それも皆、口のふときもん（太き者）にて、何にても一口になめるといふ。お寺のわに（鰐）も口がふといゆへ、わしが名を付ておるぞえ。なめ〳〵。

しのぶれど色に出（いで）にけりわが口は、ものやなめると人や見るらん。

山鰐（やまわに）のいとこは海に住んでいるとあるが、山で捕らえられた異形の幻獣を海狼と呼んでいた例なども伝えられており、山と海の妖怪の関連性を窺わせる。鰐口は山鰐に由来しているとも記されていて興味深い。

末尾の歌は、『百人一首』の「しのぶれど色に出にけりわが恋は　ものや思ふと人の問ふまで」のパロディ。

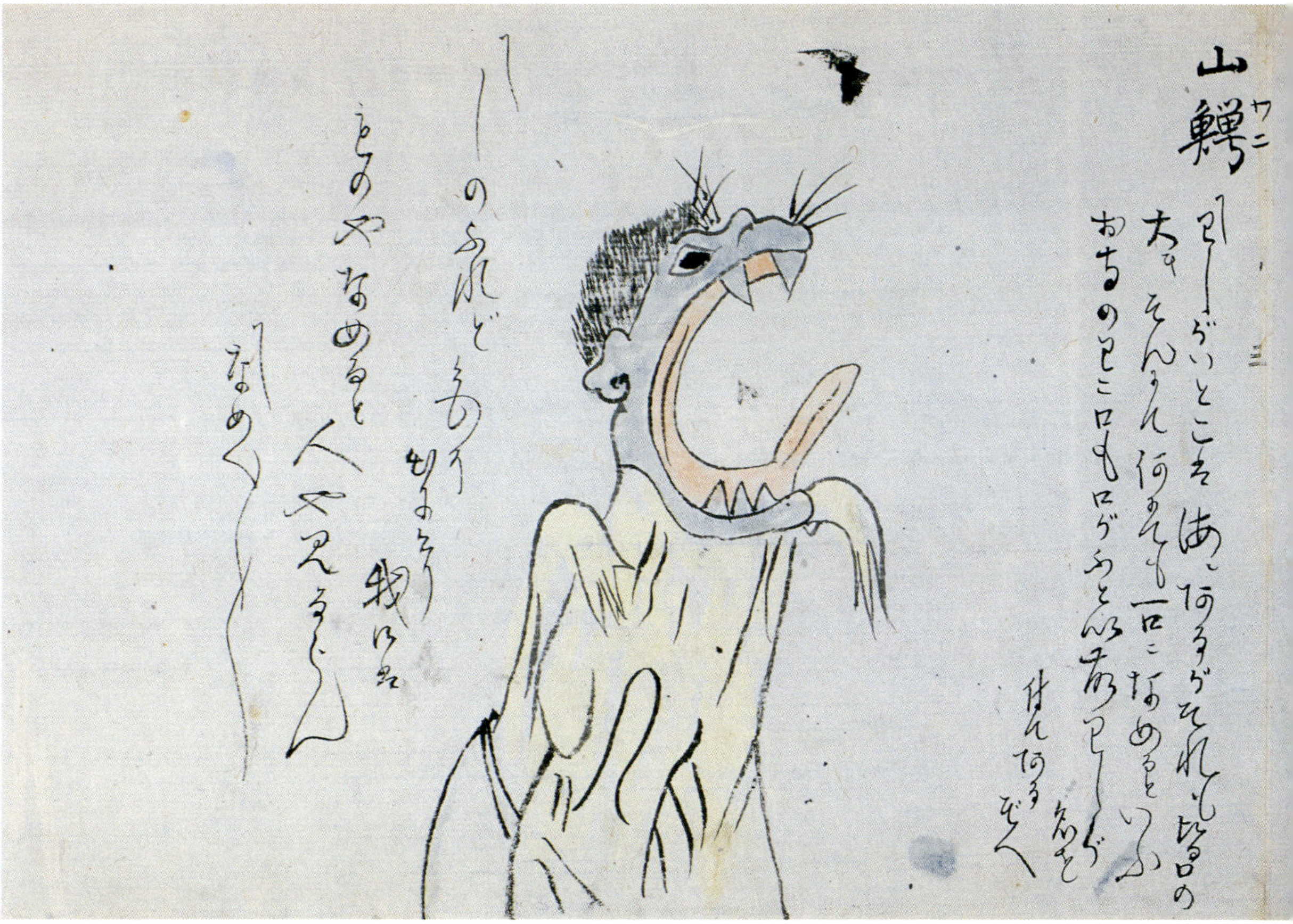
山鰐

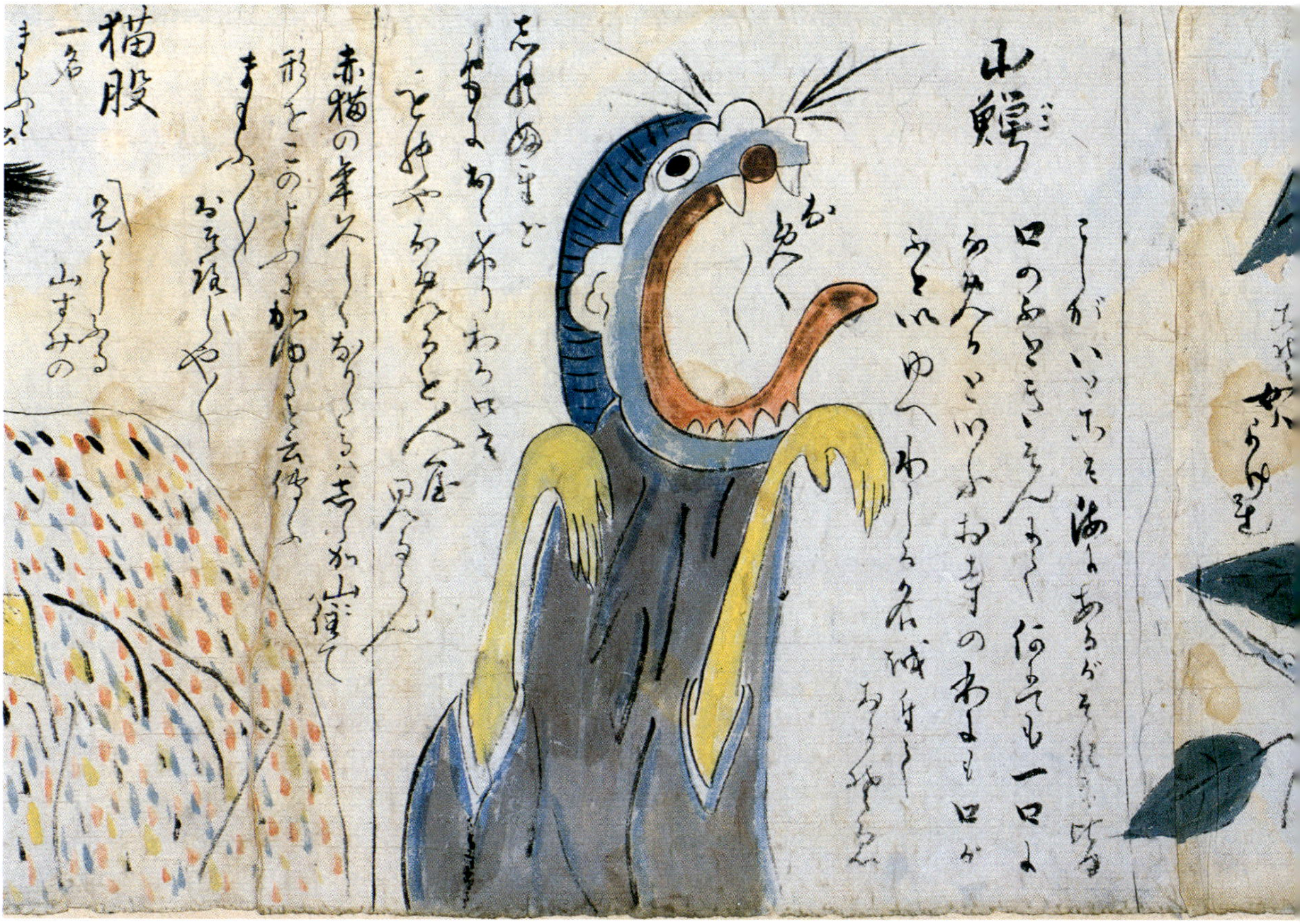
山鰐
猫股

猫股
一名まもふと云

赤猫の年久しくなりたるはしらが（白髪）山に住て、形をこのよふにかゆる（変える）と云伝ふ。まもふ〱。おそろしや〱。
是は、としふる山すみのいたづらをいふ。疱瘡人やねふり（眠り）たがる夜伽をば、一トロになめるげな。

猫股伝説は各地にあるが、ここでは赤猫が年を経て猫股になったと記されている。青森地方にはアガネコなる同じような名称の妖怪が伝えられているが赤猫との関連は不明。

猫股
一名

猫股
一名
赤猫の
古鳥

古烏（こがらす）

かわい〳〵の声きけば、父母の事おもひだす。千年になるからす、此（この）よふなる姿になりて、ほふむりし（葬りし）人をほり出し、くうげな。それも、此世にていぢのわるかりし人をたづね、ほり出してくうげな。こわや〳〵。

なくはめいど（冥土）の烏かへ。

葬られた人を掘り出して食う千年もの年の烏とあり、巨大な烏が描かれている。烏に関する伝説は多い。ここでは二本の手と一本の足が描かれている。三本足の烏に由来するのだろうか。

古鳥

くゎん〳〵の声きけハ父母のする
らんをや

千年もなる
うぐひす程なる
鳥を切りころして
人をとりくらゐて
くらげなきする
もる〳〵もらし
人をたつ禄
ぐる〳〵も
ふる〳〵も
これやな
なくなる めいどのるう

古鳥

くゎん〳〵の声きけハ父母のする
らんをや

千年もなる
うぐひすほどなる
鳥なり
かくれ山
に居て
人を取り
くらひて
川中に
住すみて
つちのわらくずし
人いかつづね
きかすつるしけ
るつらつみやこ
ろしうりしうじ

川父

先代泳の三郎に殺され
たるひとの
あくりやう
なり
しづ

川父

是(これ)は、佐々木の三郎に殺されたる渡し守にてありしが、死がい（死骸）くちず、水の底にありて、折々は陸へあがり、くるしき声をいだしさけぶげな。ほねは磯辺にさらすとも、此(この)うらみをむくわで（報わで）置べきか。くるしや〳〵。

殺された恨みから渡し守が川父になったとある。川父という名称は、渡し守という川に縁の深いものから出たのであろうが、詳細は不明。

川父

是ハ佐々木の三郎に殺され
もうしぶ死がいくちぎ水の底に
有陸にうつりうちくちをもうし
さけらげな
引ぬハ雑渡ちさにもうらみそむく
らぎーとくくねのくるしゝや

山父

川父
是ハ佐々木の三郎に殺され
もうしぶくちぎ
あろほうしーちぎ
みの底にあろく陸へ行
引ぬ残邊ぢさにもうらみ
うえむらくもをとくひとの
いくらしーきけぶけ

山父
是ハむかしかほり倹さつ
塩をとりみ合をとるひとの
ひうくみを釜のあるく
釜くうせてとに
あふ

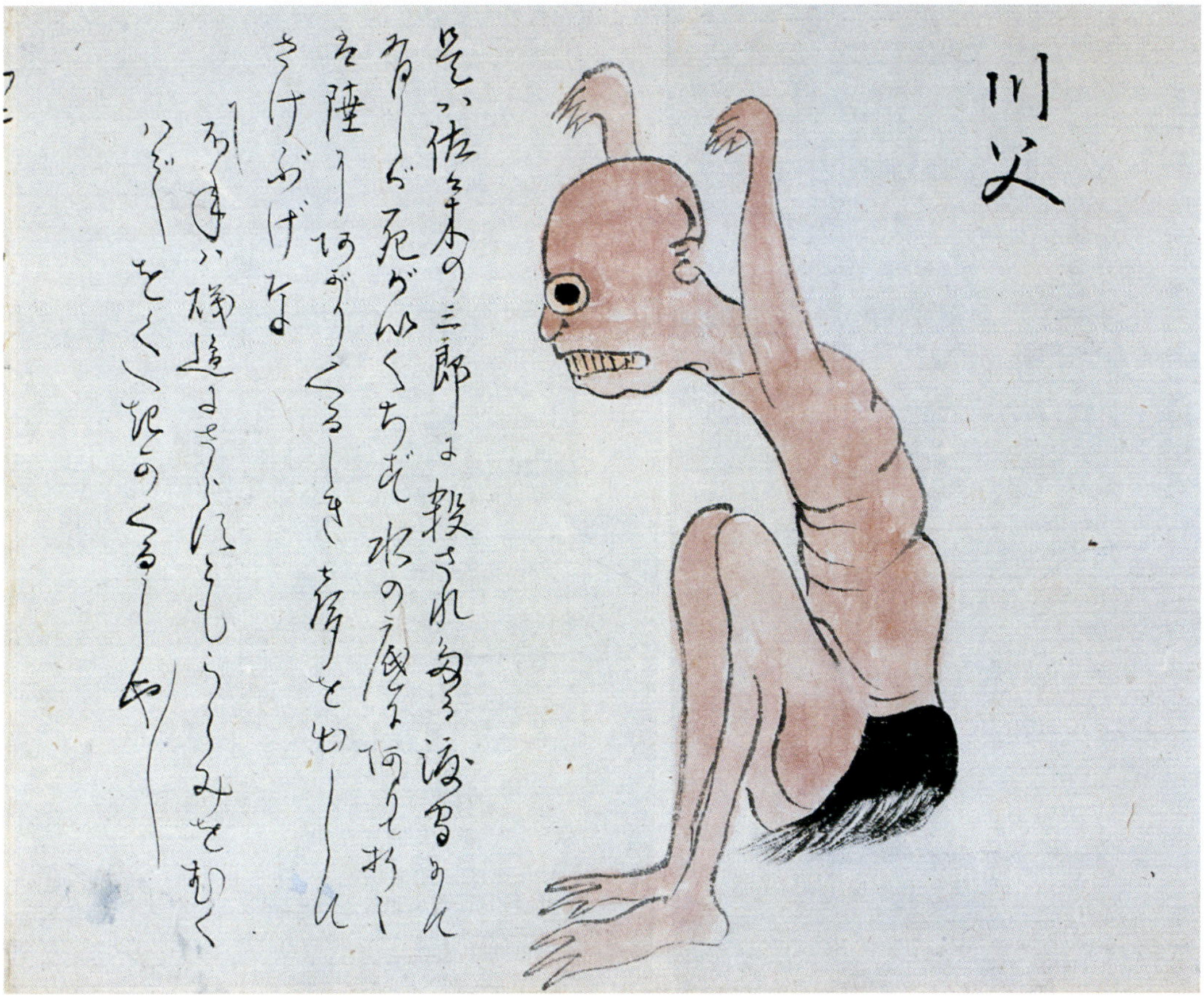

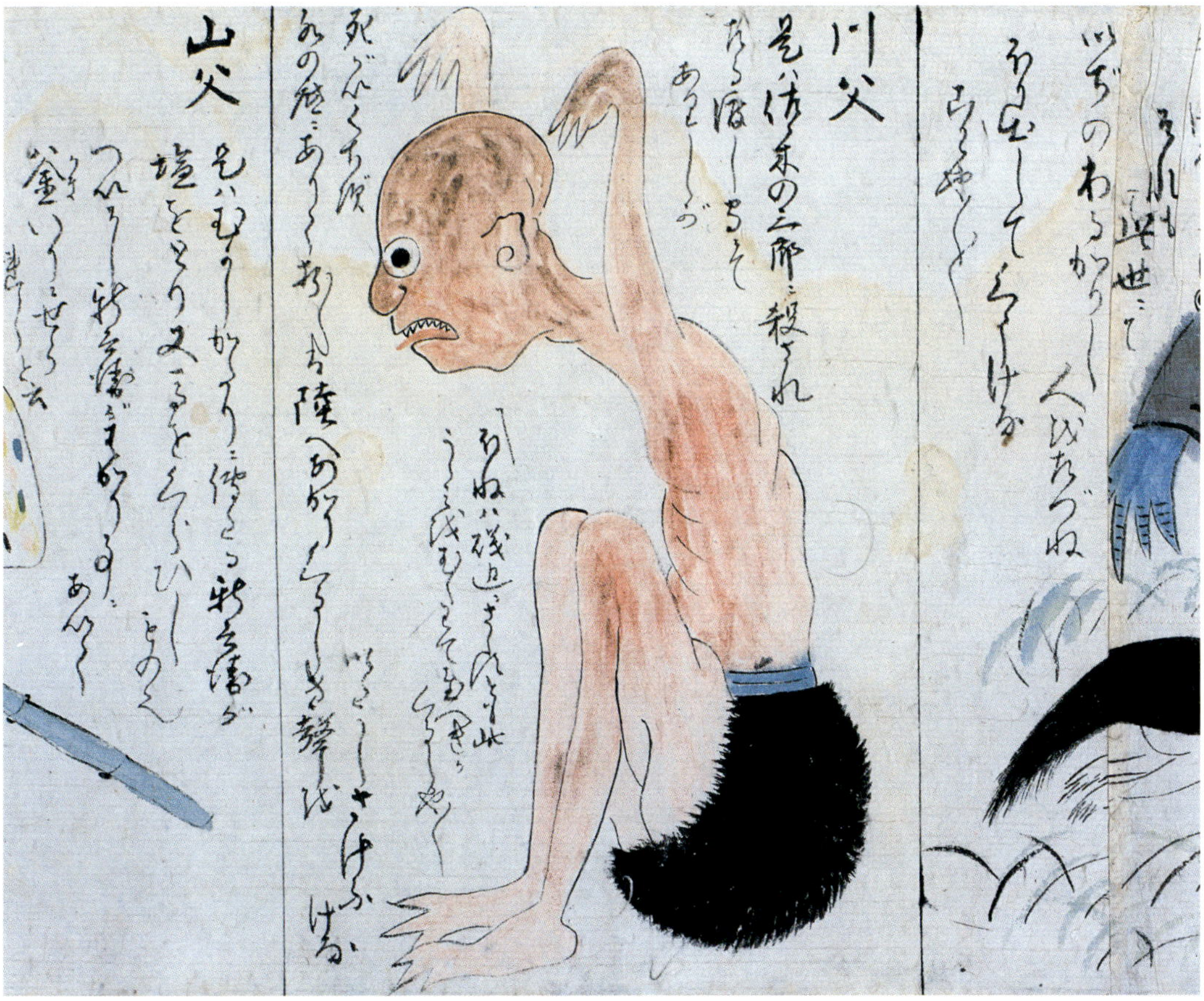

山父

是（これ）はむかしがたりに伝（つたえ）たる、新兵衛が塩をとり、又馬をくらひしもの也。ついに、新兵衛がはかり（謀）事にあいて、釜いりにせられしと云（いう）。せいはひくても、ほんにさるまなこ。もつたいながら、一ト目があれば、人なみのものじやに。山里は冬ぞさびしさまさりける、一ト目も出たりくさはかれたり。

新兵衛が、峠で化物に馬に積んだ塩を奪われ、ついにはその馬までも食べられてしまったが、新兵衛は謀事をして化物を釜で焼き殺した。こういう土佐に伝わる伝説を描いている。ここでは一つ目で竹光を握り、提灯をかざす姿として山父が描かれている。竹原春泉『絵本百物語』には嘴のある猿のような妖怪として「山地乳（やまちち）」が収録されているが、直接の関係はないようだ。
末尾の歌は、『百人一首』の「山里は冬ぞさびしさまさりける　人めも草もかれぬとおもへば」のパロディ。

山父

名ハむかしゝ僧ぞ今高野ぞ
塩をとりに下るをくハしとの人
つかれ死さたる事うちまなこ
せひくみてもあんとさゝやなこ 釜へいこ

山ちょふ
みぞさひしき時もり
一日もう一かよふれう

山父

名ハむかしゝ僧ぞ今高野ぞ
塩をとりに下るをくハしとの
つかれ死きさたる事
釜へいこせひくみて
出てくるき
かれたり

鬼女

牙のさけ七尺寺
髪のあるきつれ八ま

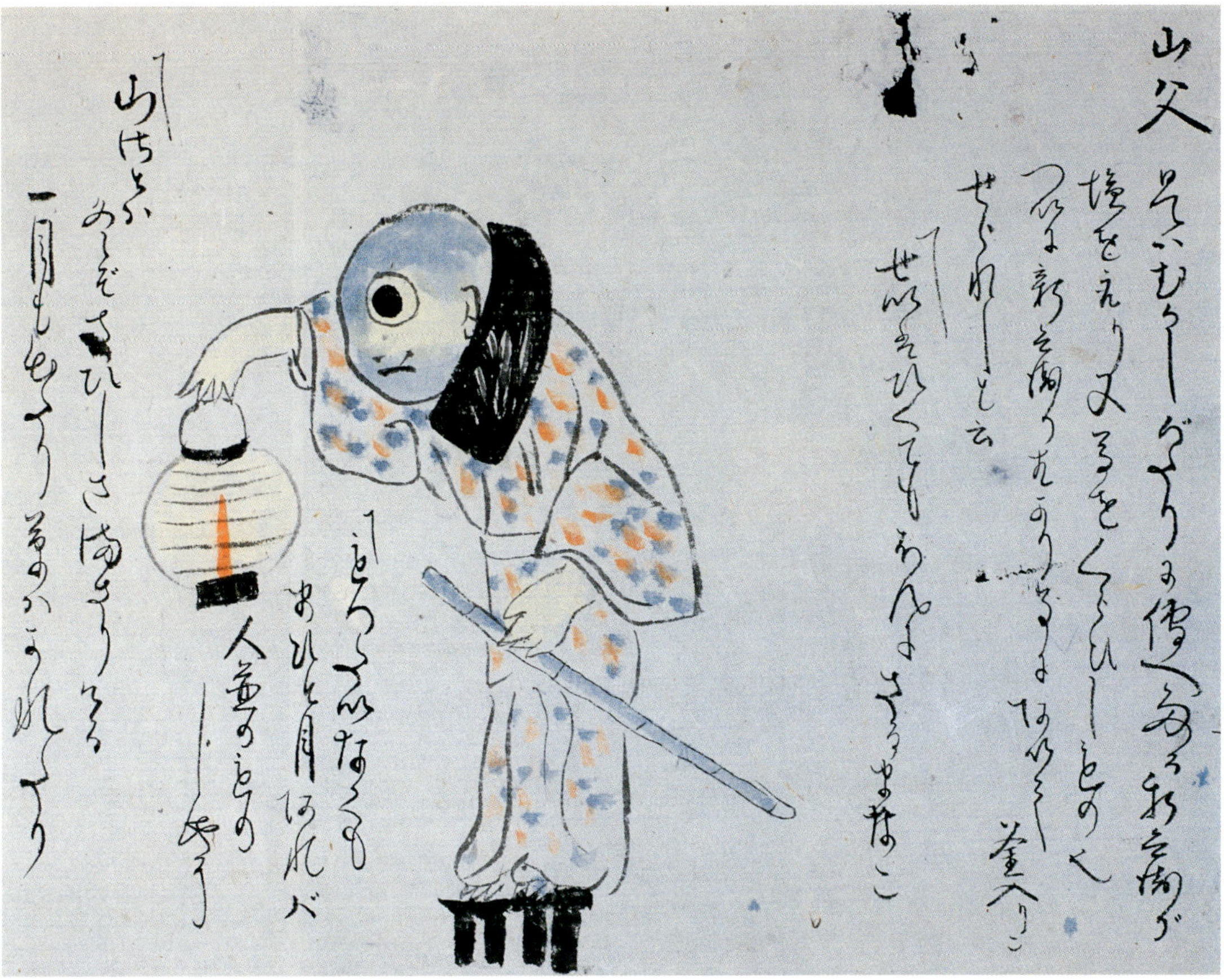

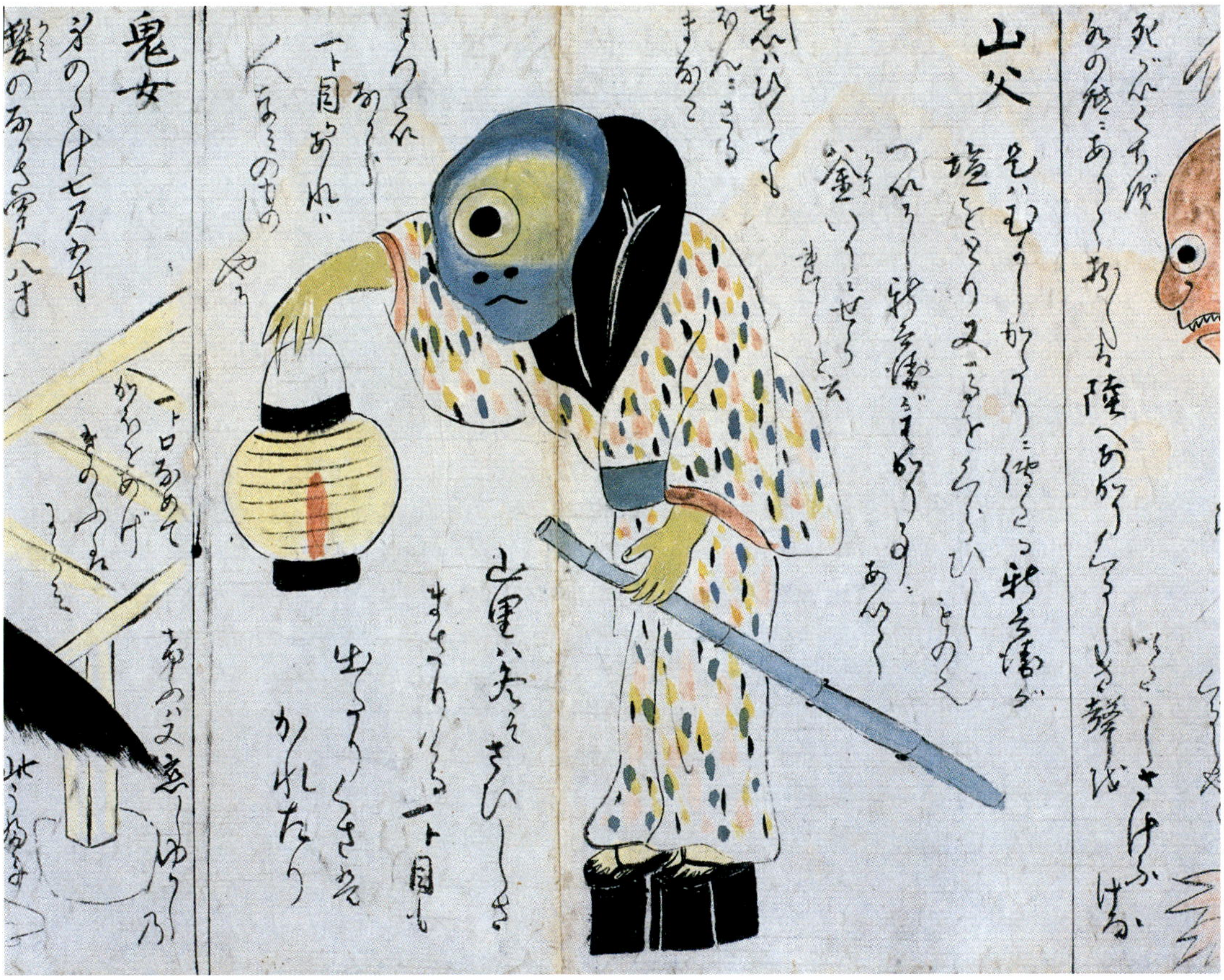

鬼女

身のたけ七尺五寸、髪のながさ四尺八寸。世に云、安達が原のばゝ、これ也。女のはらごもりの子をとり、す（好）いて是をくらふ。

一トロなめて、かほをあげ、きのふはにらみ、けふ（今日）は又、恋しゆかしの此うぶ子。

おふ子がよめる哥。

とられてはくわるゝものとしりながら、猶うらめしきくろつか（黒塚）のおに。

きよふをかぎりのいのちともかな。

身長約二三〇センチ、髪の長さ約一五〇センチの鬼女。安達が原の婆とあることから、有名な鬼女伝説が土佐にも伝わり、地元の話とともに語り継がれていたことがわかる。

身のたけ七尺斗髪ハ七八寸
ばかりのぞごこ女のすがたごもりの子ある
そだつく下口なあ朝をたべきなあ女の
又ゆうしいぬの刻ぞニぞくぞくうえふぞ
そだつくよあるあ号
こゞそり也ぞうぞうが黒塚の鬼

身のたけ七尺五寸
髪のあるを八寸
女のすがたあるを
すんてんそくく

子を抱く女

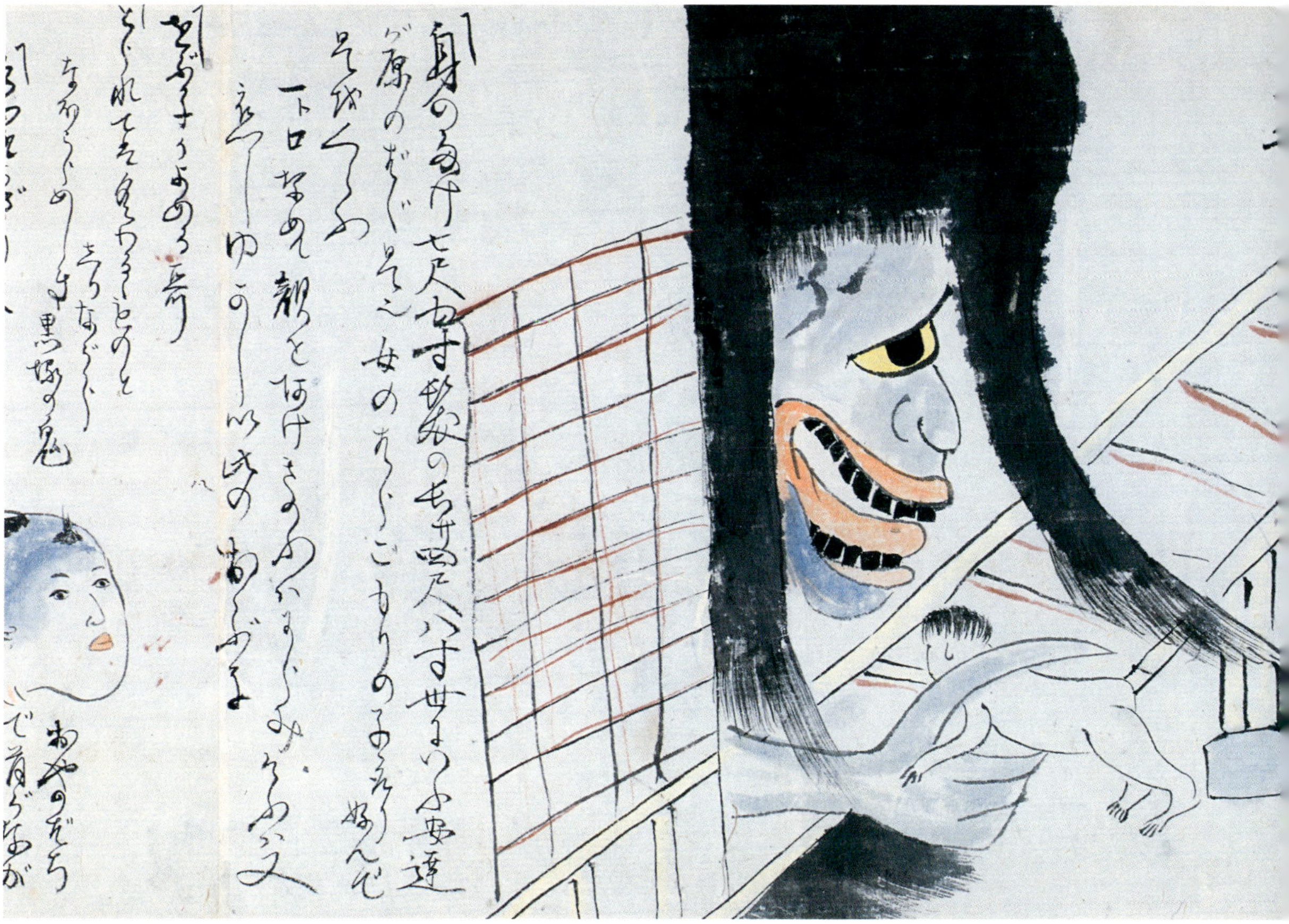

子とろ〳〵
一名しと女（嫉妬女）

こころからとはいいながら、いまはせけん（世間）の御婦人様がたの、見せしめの手本となる、わたしが身のつらさ。

しつと（嫉妬）ふかき女は、ついに此よふになる化ものとなり、うらみ、女の子のねや（寝屋）にしのびいり、とりてくろふ（食らう）。まことに、女にしておそるべきは此事なり。

りんき（悋気）のつの（角）といふものがはへるげな。わたしはそれどころじやない、おに〻なつた。

又不幸なる子をもと（取）るゆへ、子とろ〳〵、といふなり。子どもにおちらる〻げな。

嫉妬深い女がついには化物となり、子供さえも食らうという話。同じような話は他にも伝えられている。

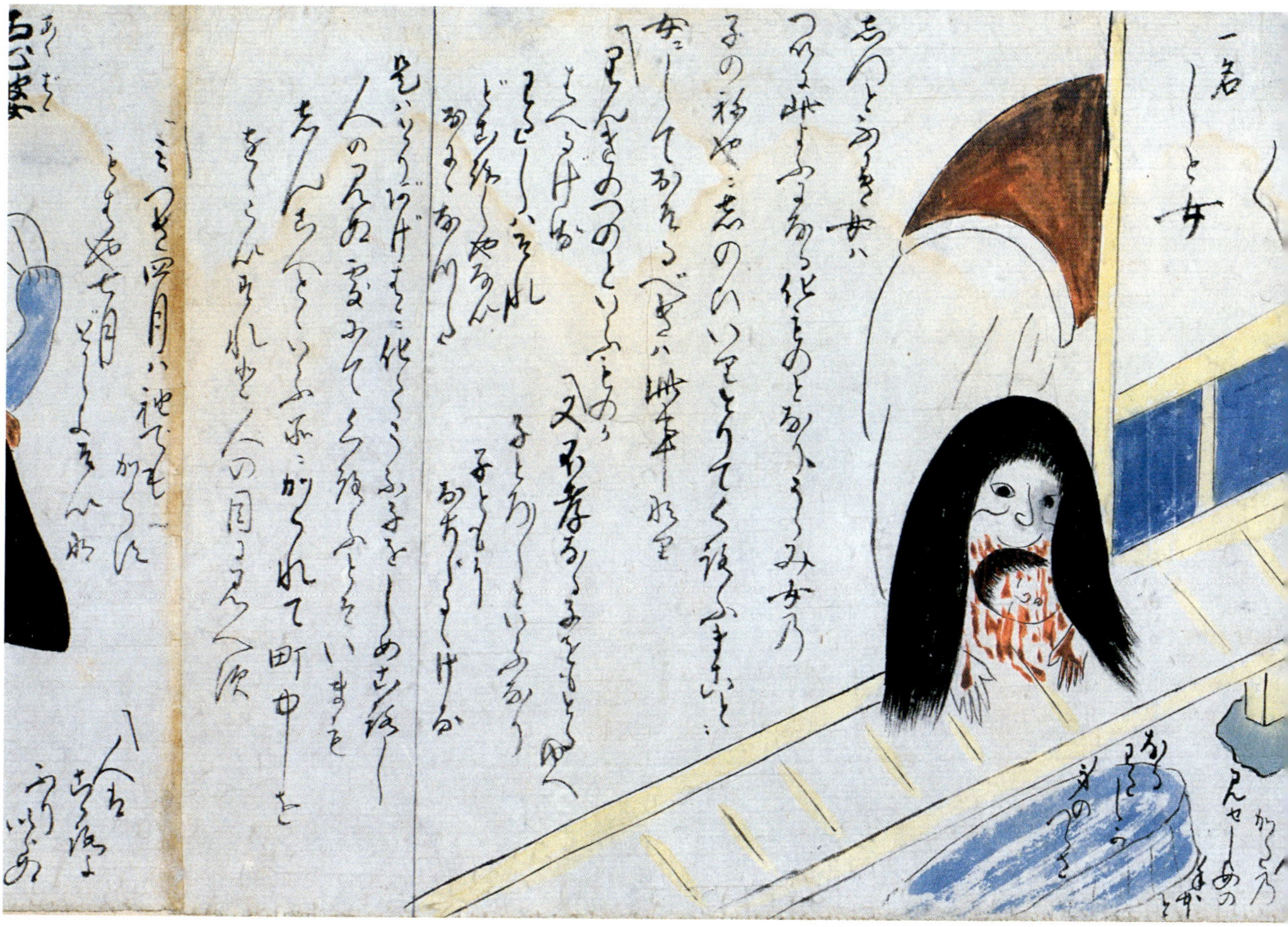

悪婆（あくばば）

是（これ）は、とりあげばゝに化（ばけ）て、うぶ子をしめころし、人の見ぬ処にてくろふ（食らう）とぞ。いまも、しんごへと、いふ所にかくれて、町中をゝらい（往来）すれど、人の目に見へず。

みつき四月は袖でもかくす、もやは七月どしよぞいな。

人はこころよ、ふりいらぬ。

おやしきの御婦人は、ゑり（襟）をすかすといふ。をれとはどふであろ、此（この）八丈の大しまばゝ様の小袖ゆへ、むかしふうで、いまのわかさかり（若盛り）にはきにいらぬ。

産子を殺して食らうという話は「子とろ子とろ」と類似しているが、悪婆（あくばば）は町中を往来しているものの人の目には見えないという。

〈佐川町本〉では「三月四月…」の歌が文末にある。

惡婆

そも〱なけぶりすがたをあらはし
このあたり一人のえぬ姿ありてさ
しんこえをつぶてあらく山より
従事あれどもあの人の目をぬすむぞ
今も町中を

同國あの婦人をあつうそのえいき
それをとらみてむかし山ばのたいまつ
ぎ風のあ棚の一むらの一ふしで今の
若童のみ草あまぎついそ
三月四月も神もそうす
ともかく七月どしきてひな
人をいよふやいらぬ

西婆

そもく〔ぐ〕
もし一人〔人〕を〔と〕
するをしてたすかるる〔を〕て町中を
をうへりむれしく人の目つぶをえぬ頃

三月四月八池ても〔か〕らじ
むやうでわさがつ〔き〕
ふみゆ
人をいよふや
いらぬ

およぞ〔そ〕ふの
るしきを〔堂〕さ〔ま〕
それをえいそ〔ぞ〕
属りる
此八丈の大一両をねのふ入神ゆく
風神のむねう
きちり
中や
をぬ

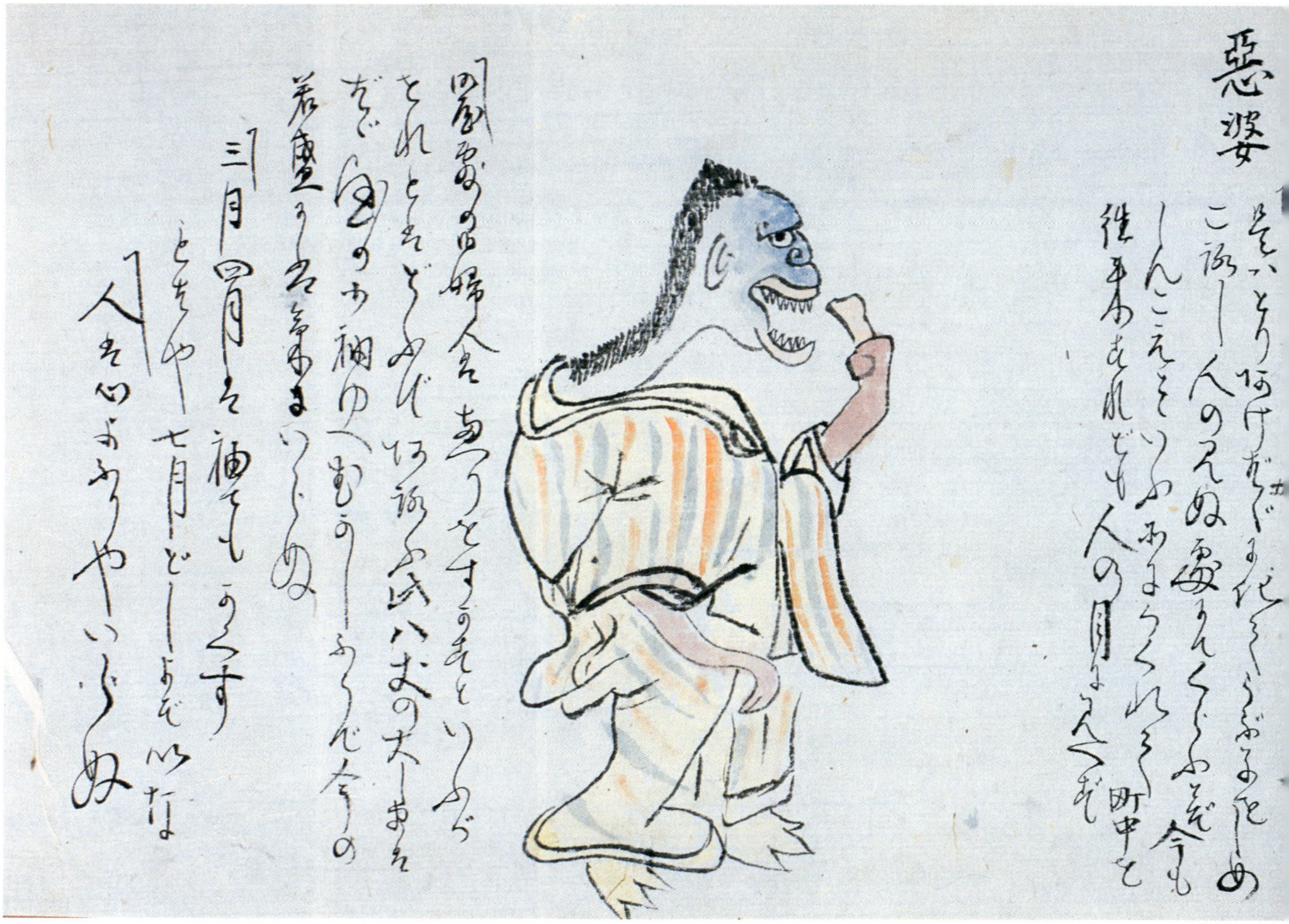

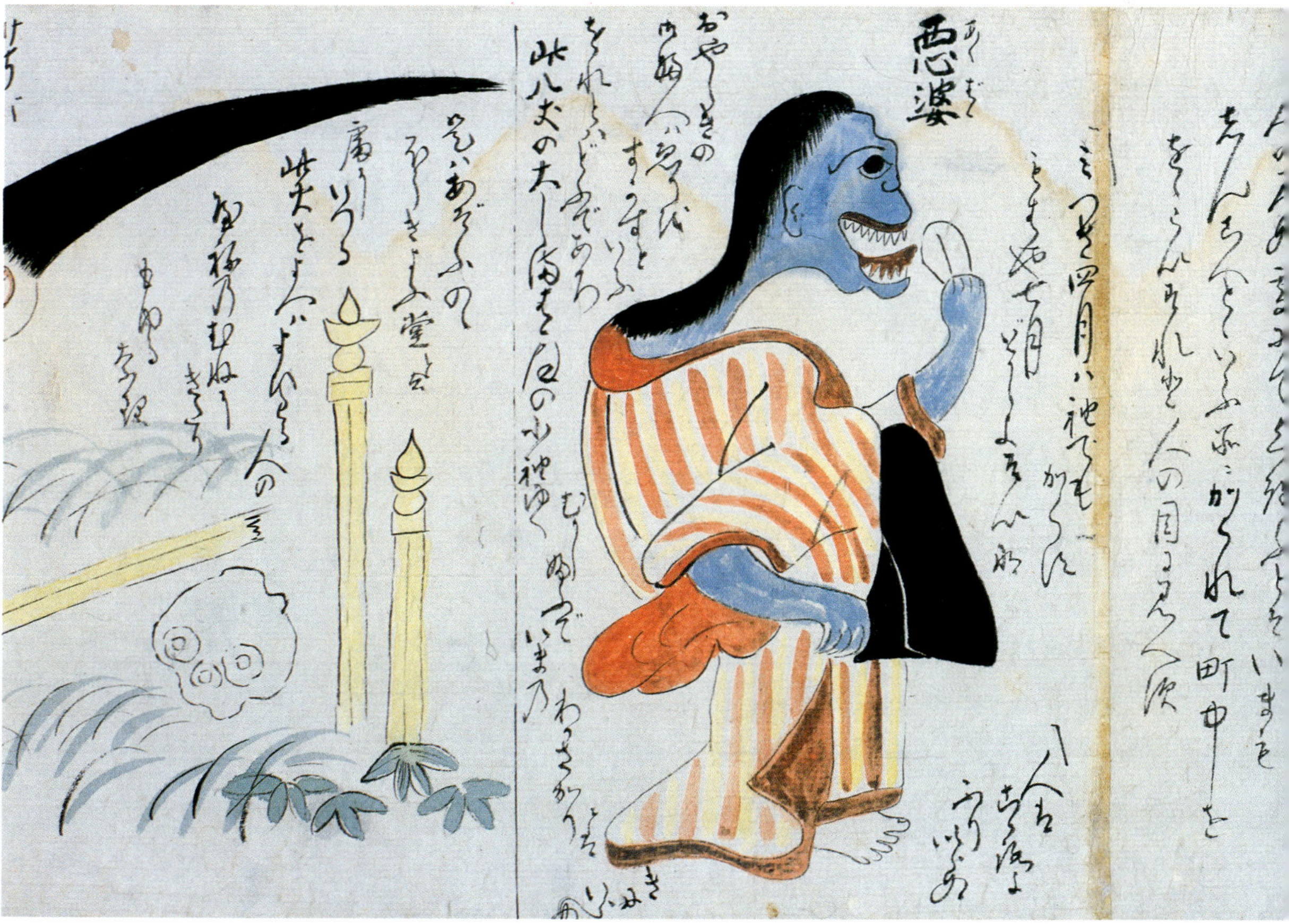

鬼火（けちび）

是（これ）は、あそふの丶ほうきよふ堂と云処（いうところ）にいづる。此（この）火をよべば、よびたる人のやね（屋根）のむね（棟）にきたり、もゆるなり。われ、此火をみたる事、まいどなり。みる人うたごふ事なかれ。おそろしや〱。

雨のふる夜を、風ふかぬ夜半を。


「鬼火」に「けちび」とルビがあるが、薊野（現在の高知市内）には怪火が出るという話がいくつも伝えられており、この地において良く知られた怪だったことがわかる。

〈佐川町本〉では最後の歌が、「雨の降夜も　風ふく夜半も」となっている。

けち火
骨なし女
一名

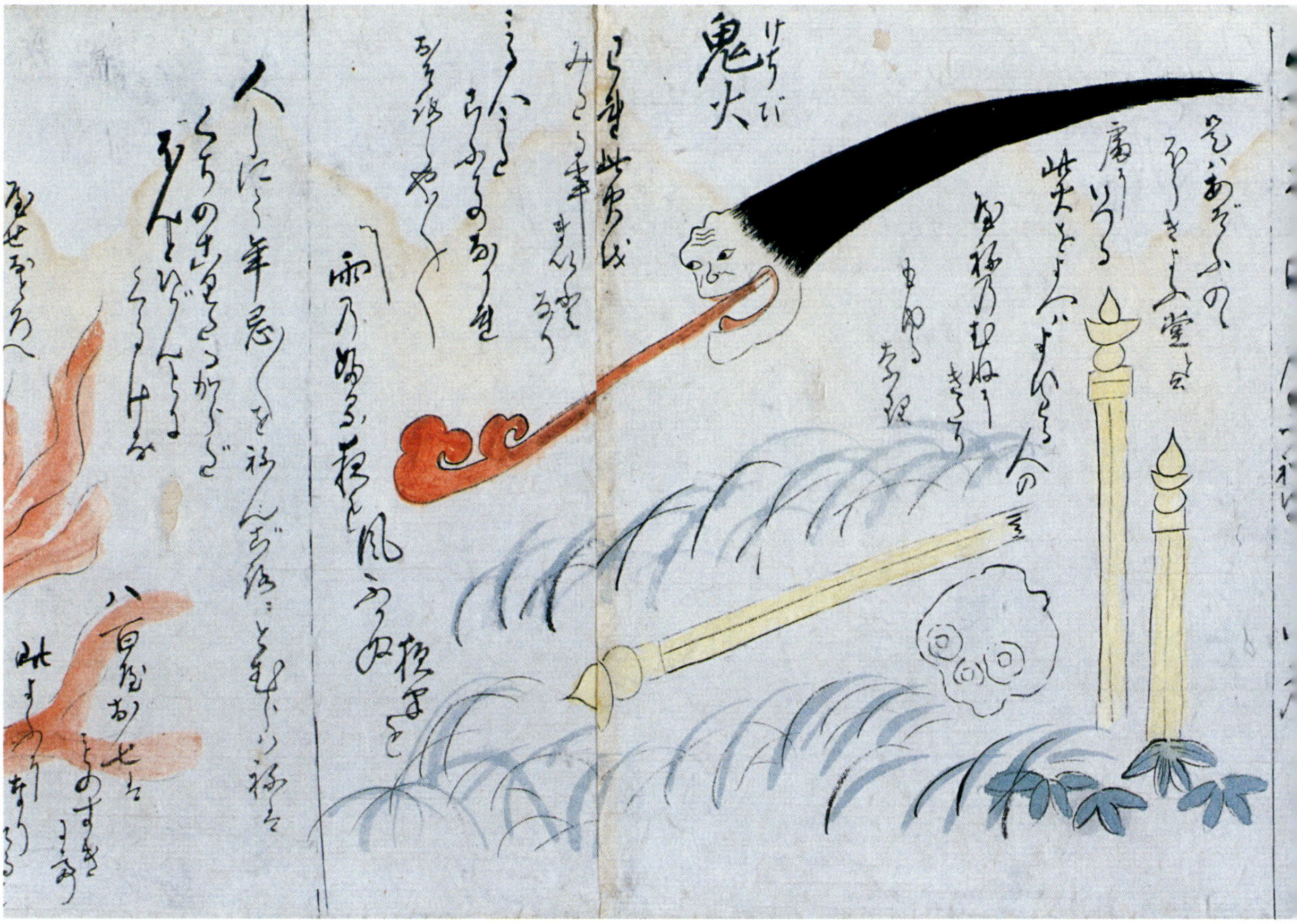
けちび
鬼火

餓鬼(がき)

人しにて年忌〳〵をねんごろにとむらはねば、くち(朽ち)のこりたるからだ、ぼんとひがん(盆と彼岸)とにくるげな。やせおとろへたるが、目には見へぬか。八百屋お七は、ものずきにて、此(この)よふになりたるぞ。

むかふを見れば火のくるま、うしろをみればはり(針)の山。くるしや〳〵〳〵。


安達が原の婆と同様にポピュラーな話が地元の怪異譚とともに語られていたことがわかる。

〈佐川町本〉では「やせおとろへたる…」は歌として冒頭に来ている。

餓鬼

かせをと訊くみづ目よえぬう

人しやれ年忌を
祝んぎ詑うこと
うぢがんをひゞんと
一むまうを入れまきを
敢そくれぢ針の山
くろ残いもの可ずしてす蚊ぶ

餓鬼

むらかゞくれ
うゑを詑れ火のくるま
しやくのふをときす
人くらひてもれいじく
天を屋や神ろとけの
もぢがあそれれ
ろく道首

人にく年忌を祝んぎ詑
くちのすかるをゞからこ
もゞへんとう福とこ
八面へあそれ
此すうつ
よのすきわるひ

雨のぬるる程ゐ風あり

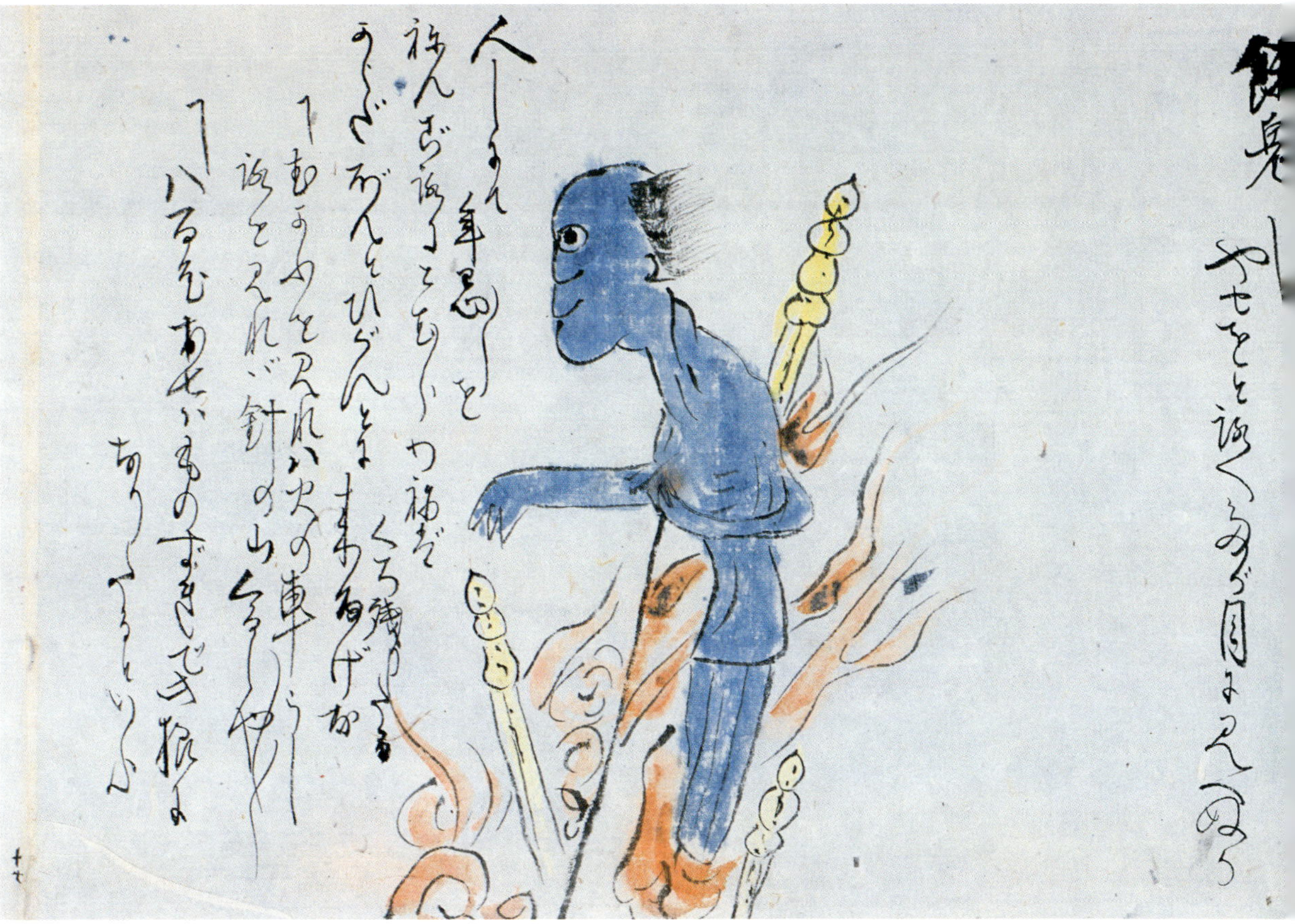

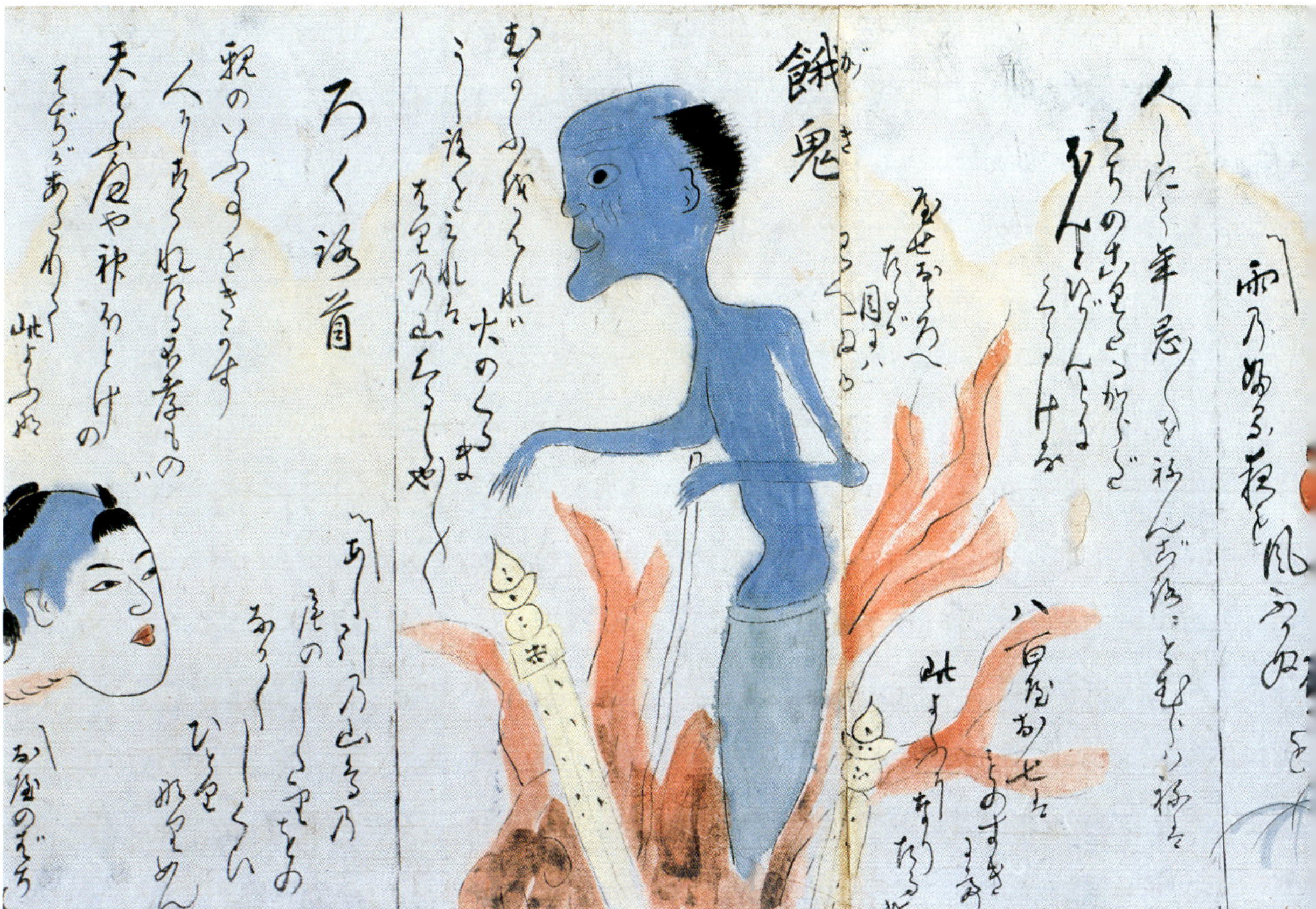

ろくろ首

親のいふ事をきかず、人にすぐれたる不幸ものは、天とふ様や神ほとけのばち（罰）があたりて、此(この)よふなすがたとなりて、おのづから化もの、なかまとなり、生れもつかぬかたわものとなるなり。お子さまがた、私がすがたを手本として、孝行すると、との様からほめてほめてもろふたり、御米ももろふたり、大きなちがいじや。

あし引の山鳥の尾のしだりをの、なが〳〵しくび（首）ひとりなりめん。

おやのばちで首がながく、手も此様になり、此よふにながい。是(これ)は、かん（燗）徳利か鶴のくびか。又は、ひともしのぼふず首（坊主首）とも云(いう)。

「轆轤首」も良く知られた妖怪だが、ここでは裃(かみしも)姿で首が長くなった姿で描かれている。轆轤首には頭が胴体と離れるタイプもあるが、この轆轤首は首が伸びるタイプのようだ。途中に出る歌は、『百人一首』の「あし引きの山鳥の尾のしだり尾の　ながながし夜をひとりかもねむ」のパロディ。

ろく路首

親のいふことをきかぬ人ハすくれたる不孝となれハ天のとがめや神仏のばちがあたりて此よふなる姿となりまづと化ものゝ仲間となり生れもつかぬ[illegible]となるなれバ[illegible]しが姿を手本として孝行をするとよし[illegible]ちがひなしや

あし曳の山どりの尾のしだりをとりながながしくびひとりかもねん

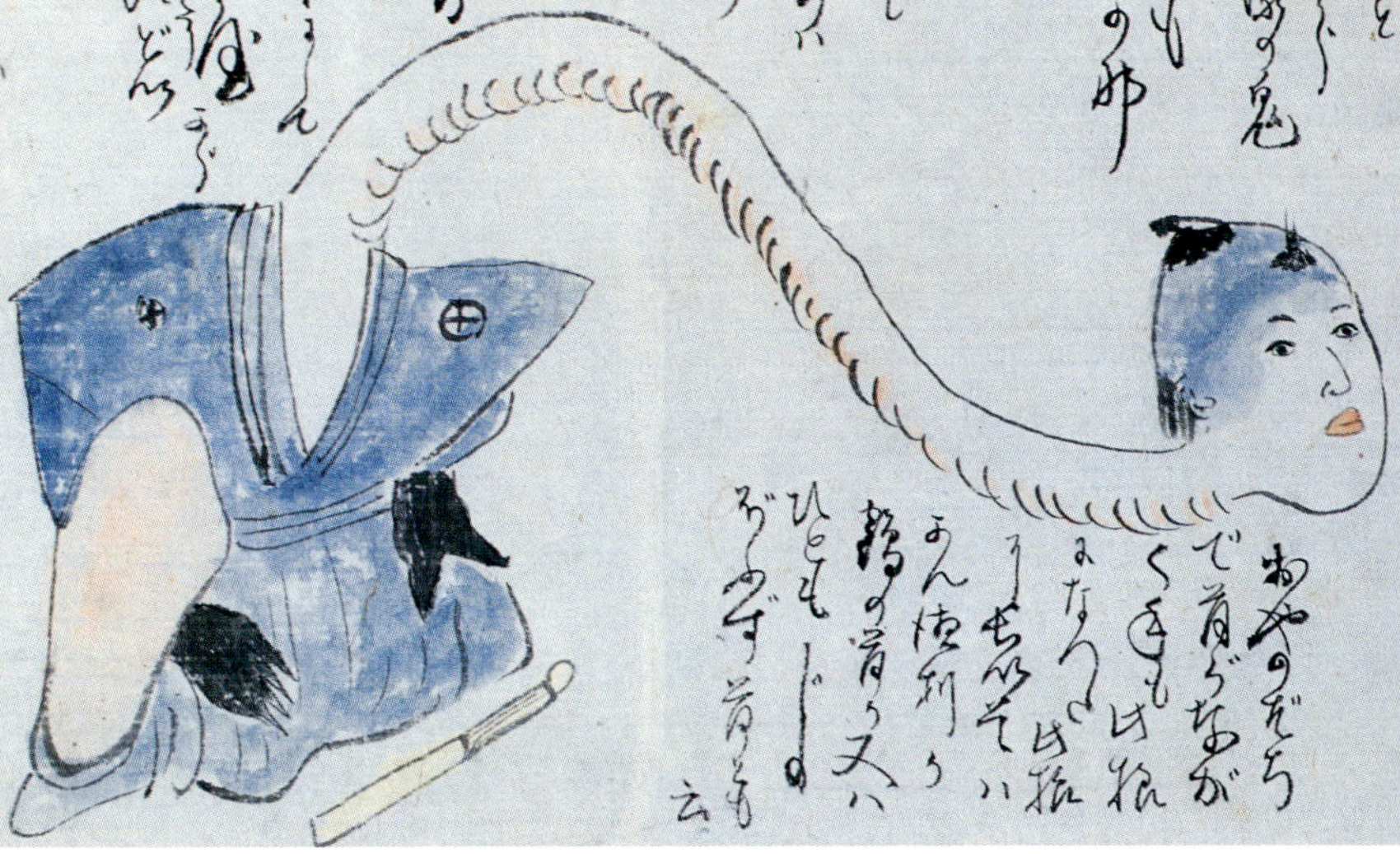

[illegible]のぞち で首がながく[illegible]よなりし[illegible]ん徳利の首の[illegible]ひとも[illegible]首と云

ろく路首

親のいふことをきかぬ人ハすぐれたる不孝ものハ天とがめや神ほとけのばちがあたりて此よふなるすがたとなりておのづから化ものゝ仲間となりすかれはなれ[illegible]かゝることのなきよふ[illegible]すべて手本として孝行するとの様に[illegible]ちがひなしや

あしびきの山鳥の尾のしだりをのながながしくびひとりかもねん

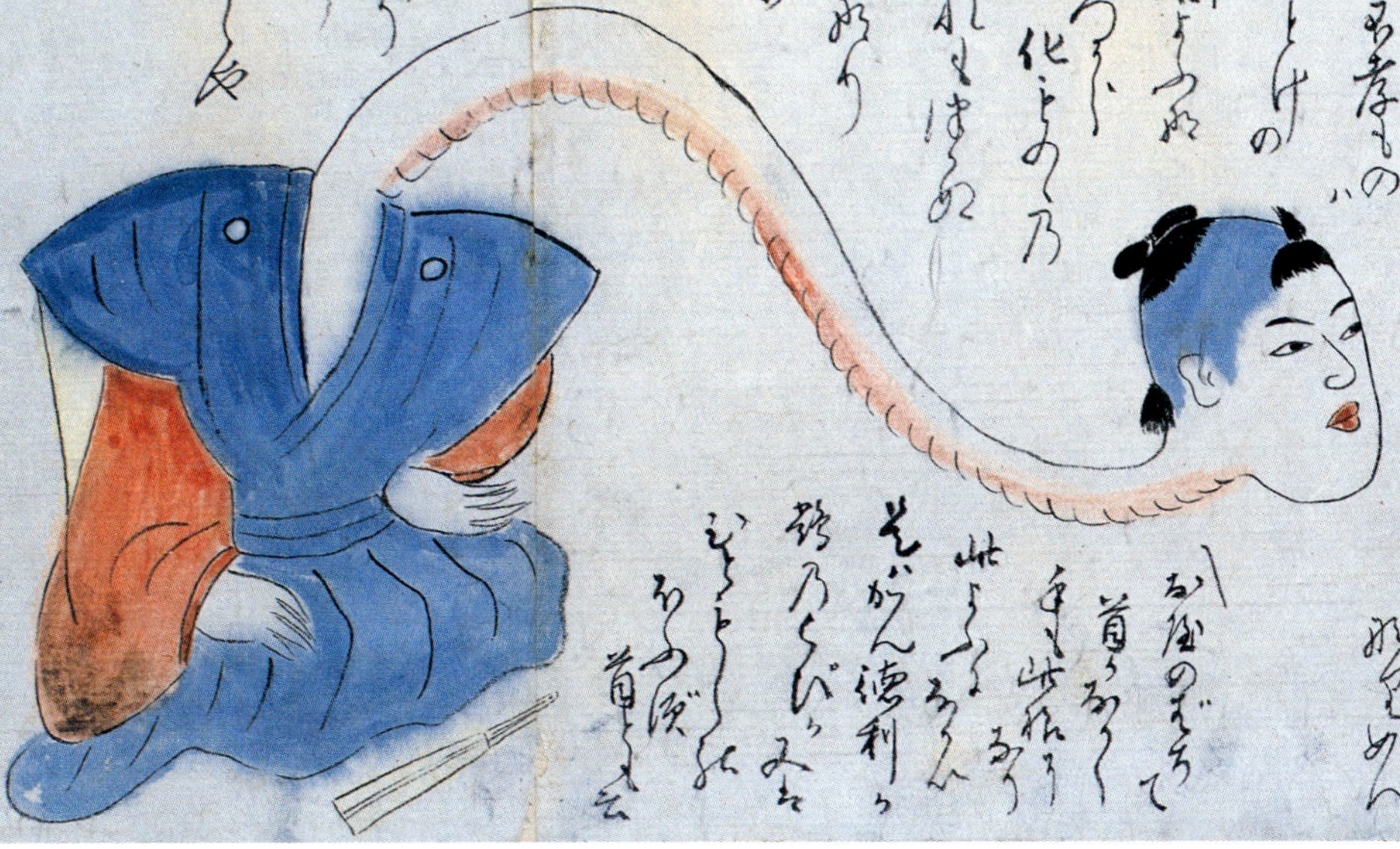

[illegible]首がながく[illegible]ろくろ首[illegible]首と云

宿守（やどもり）　馬骨（ばこつ）

ねふし（寝伏し）ばかりがいつまでも、おん馬のかほが見ていたい。わしやおまへにすてられて、さりとはむごいおんしかた。はらがたつて〳〵たまらぬ。クウ〳〵。

やどもりをうちころしをけば、此（この）よふなものとなり、人のねやへくると云（いう）。

そもや二疋（ひき）がなれそめも、いうはたがいのまよひぞへ。ヒン〳〵。ヲカシイ〳〵。火事にやけたる馬はかくなると云。

殺された宿守（やどもり）の妖怪と火事で焼け死んだ馬の妖怪を描いたものだが、どちらも不運な死による恨みの姿として伝えられたのだろう。

宿守
馬骨

宿守
馬骨

片身

海にて、なん（難）にあひて死たるものは、此よふなかたちとなりて、とふろう（灯籠）のあかりにきたり、しきりになくげな。
七重八重花はさけどもやまぶきの、身のひとつだになきぞかなしき。

海難による死者の霊が灯籠に集まって来るという話だが、「船幽霊」などと同様の海の怪ということができよう。末尾の歌は、『後拾遺集』に出る兼明親王の歌で、太田道灌のエピソードで名高い。

片身
けち火

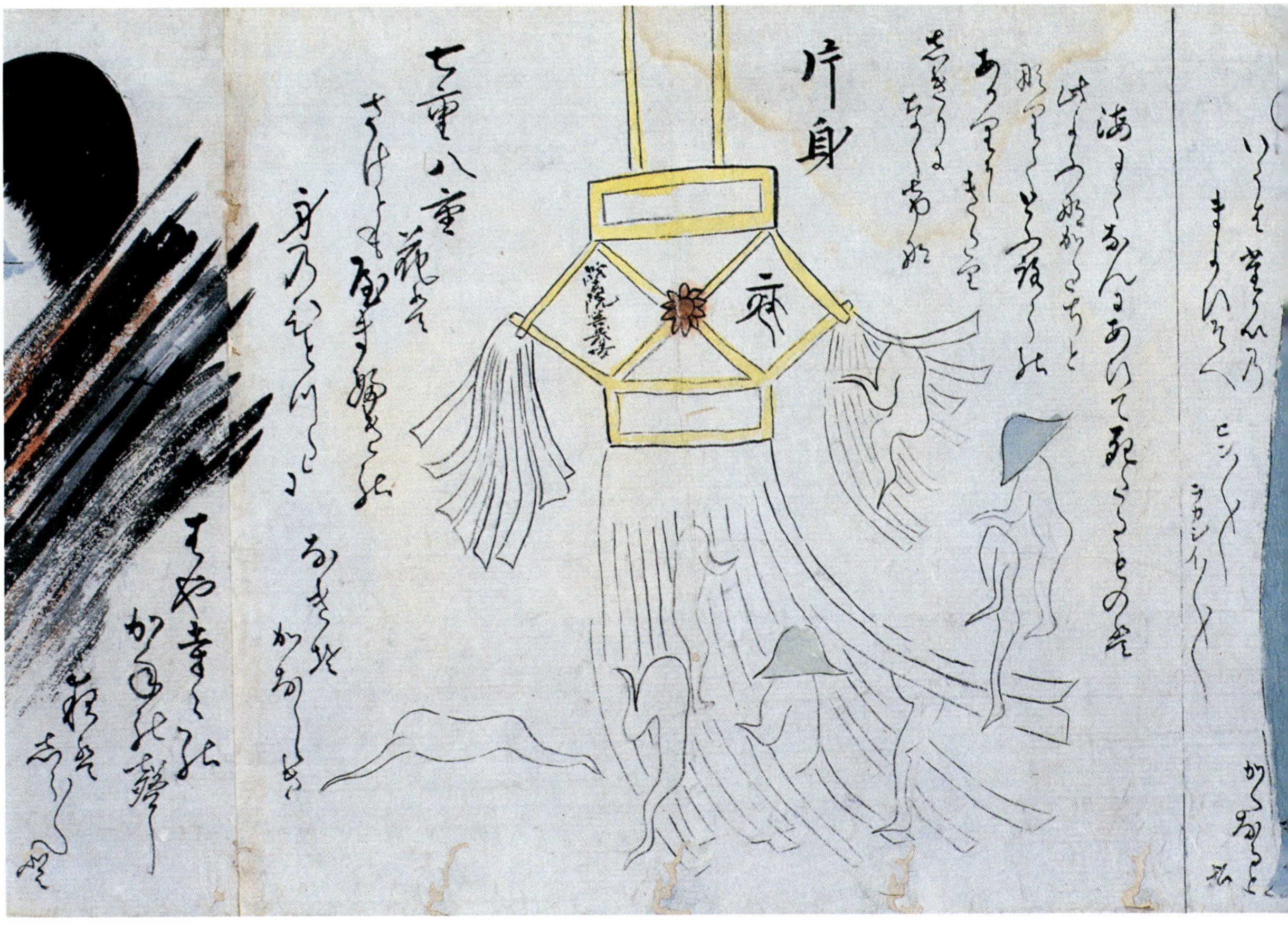
片身

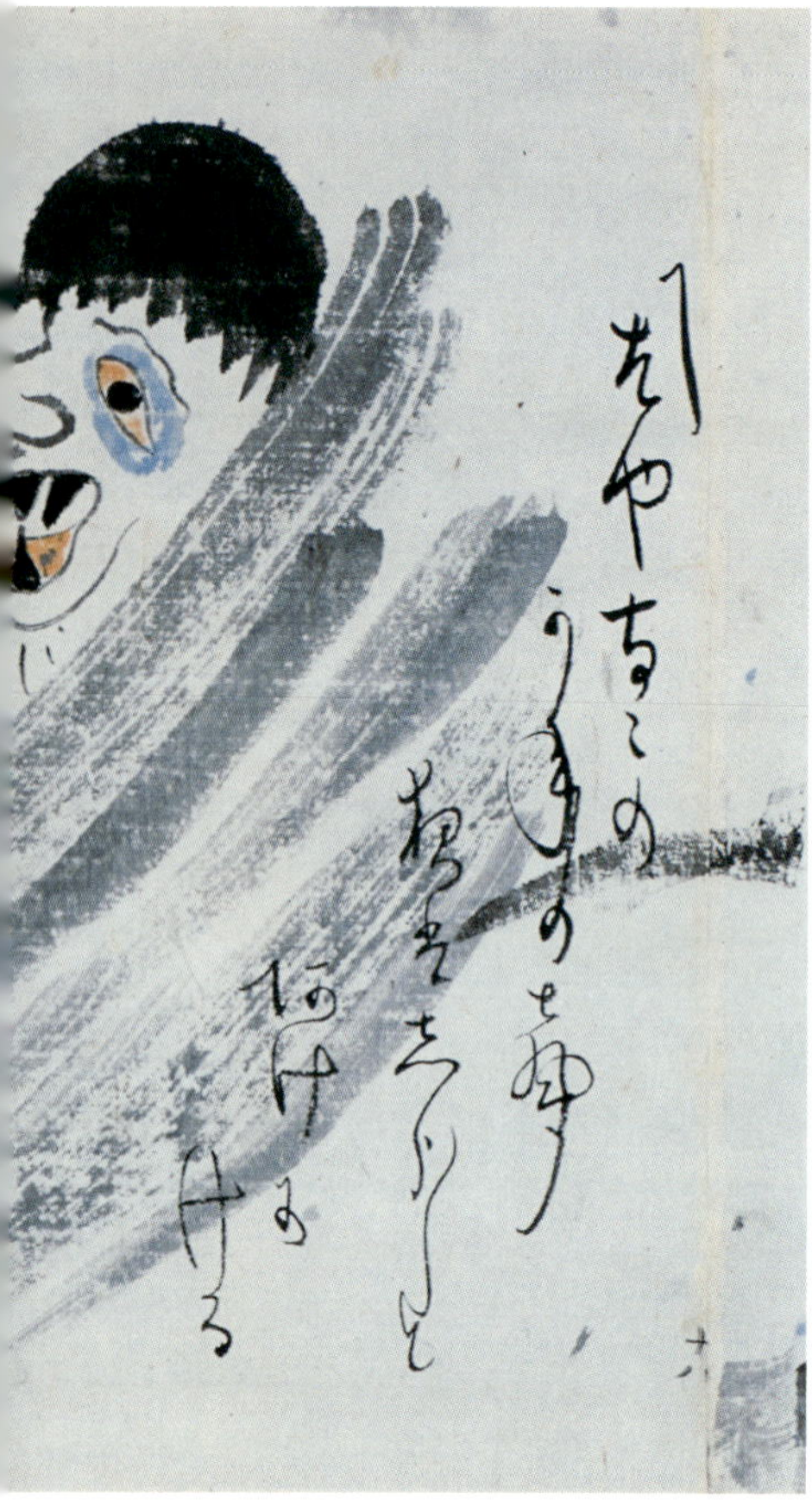

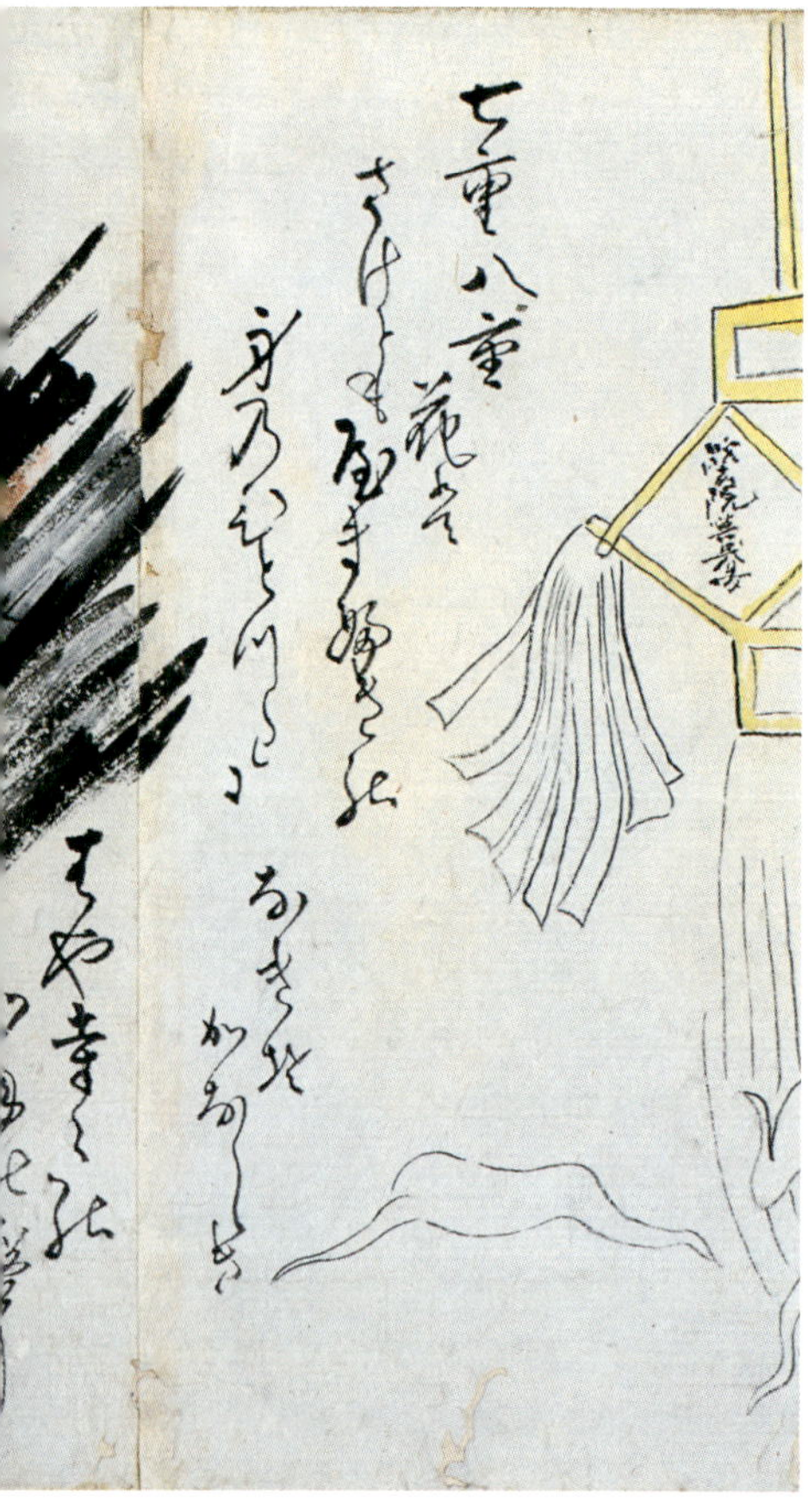

はや寺々のかねの声、夜はしら〱とあけにけり。
わたしは朝日ににくまれて、おひ（日）のでぬまにちよとばけた。
をふ（逢う）はわかれとかねてはしれど、けさのきぬ〱いつよりも。
化物ども処々ゑかへる。
石川やはまのまさご（真砂）はつきるとも、世にばけもの、種はつきまじ。
夜もあけばきつにはみなでくたかけの、まだきになきてせなをやりつる。

夜も白み化物たちが退散するといったエピローグとなっている。朝になったことを鶏が鳴きはじめたことで象徴している。妖怪絵巻の最後には、太陽（火の玉）や仏の後光を見て逃げ去る妖怪を描くなど、いくつかのパターンがあるが、鶏が鳴くというのもそんななかの一つである。
末尾に出る二つの歌は、「石川や浜の真砂は尽きるとも　夜に盗人の種は尽きまじ」のパロディと、『伊勢物語』に出る歌。

けしきや
旭の
もまれて
あらはるる
ちまたをぞ行
あなうれしと
うれしき
今朝のきぬぎぬ
それと
つげや

化ものども
海へ
帰る

けしきや
朝日に
もまれて
おいろであはふ
ちまたを行
あなうれしや
うれしさ
けさきぬ

化物ども
廬して
うへ

石川や
もあの
ませきぬ

世耳
むけ
もの

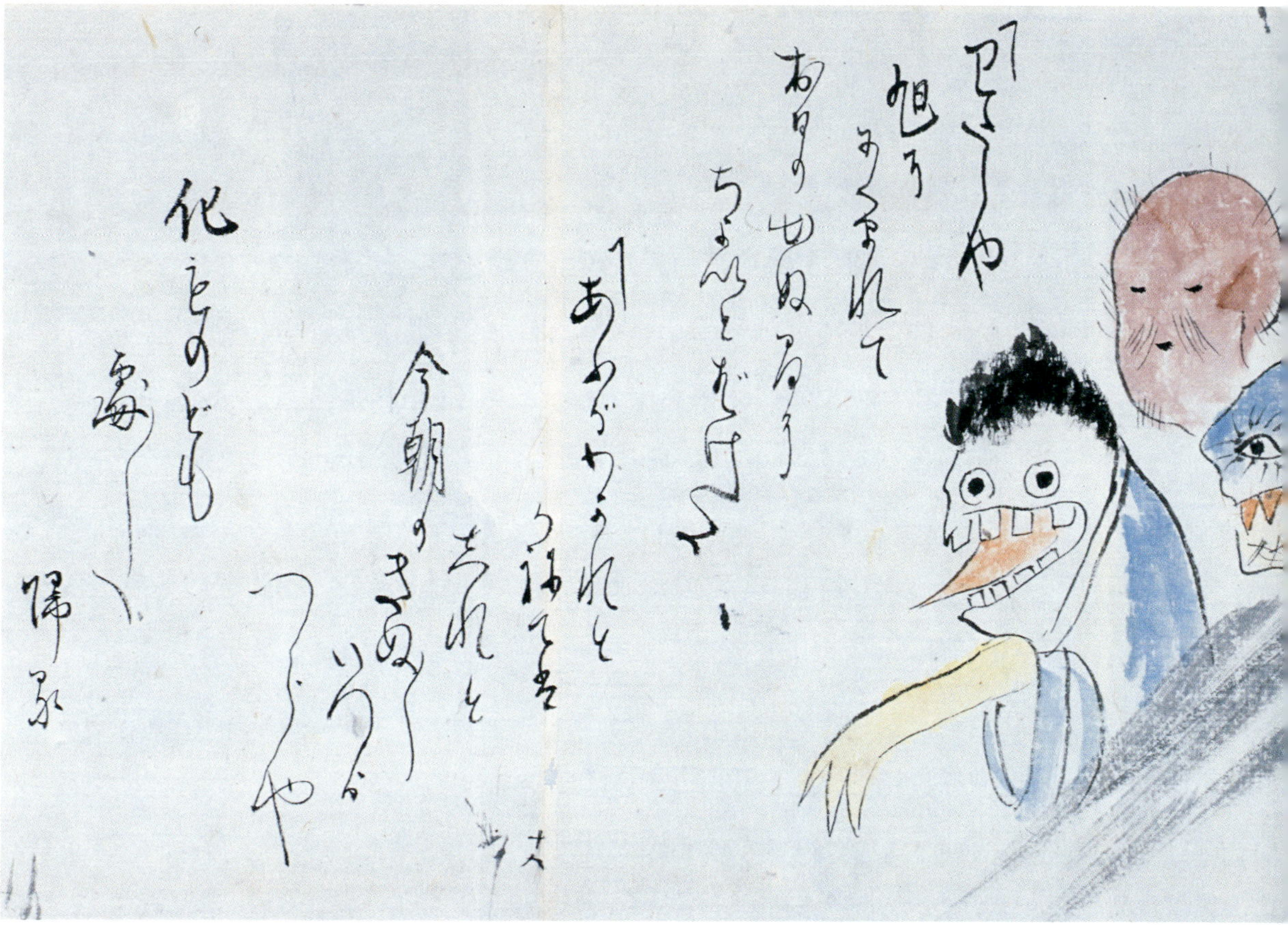

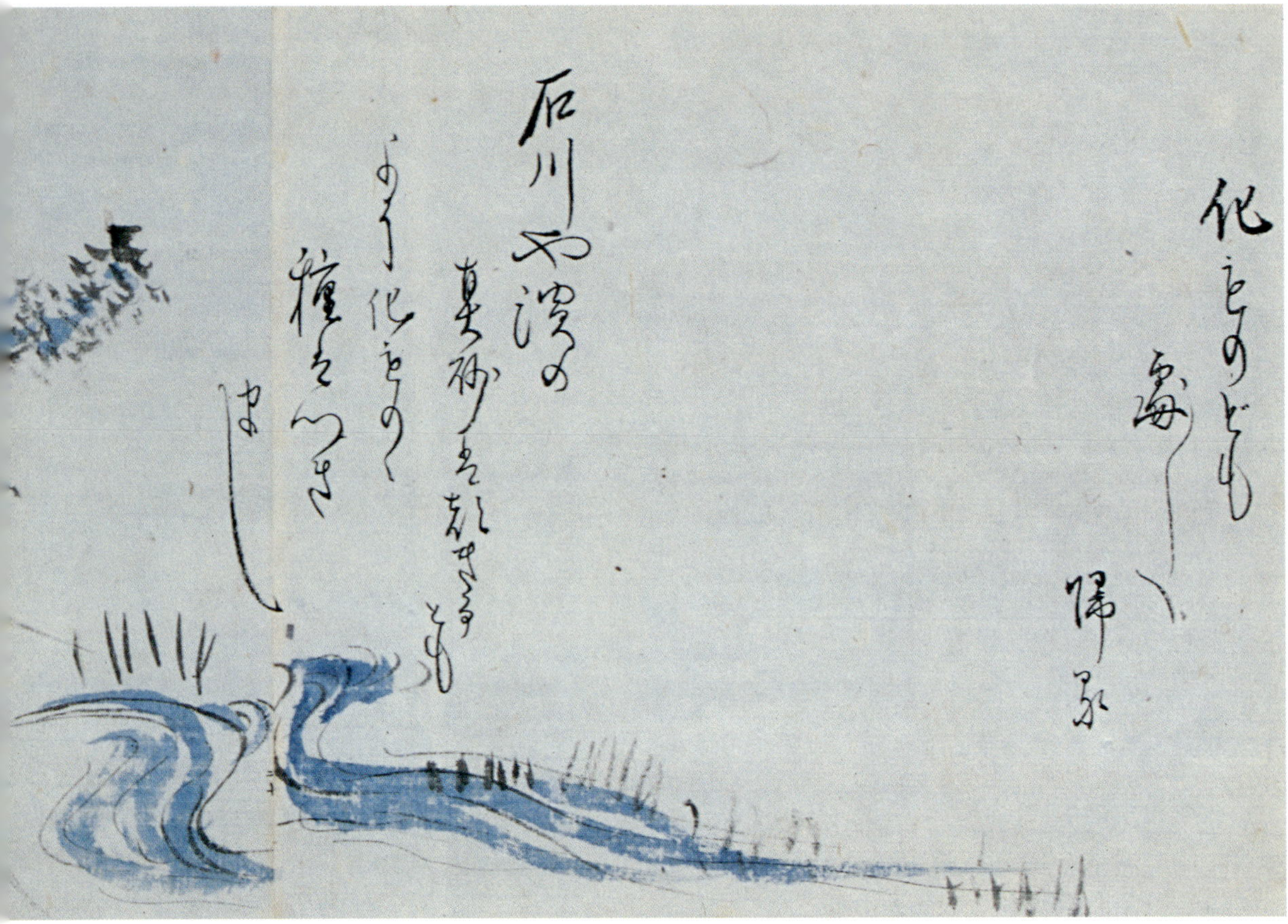

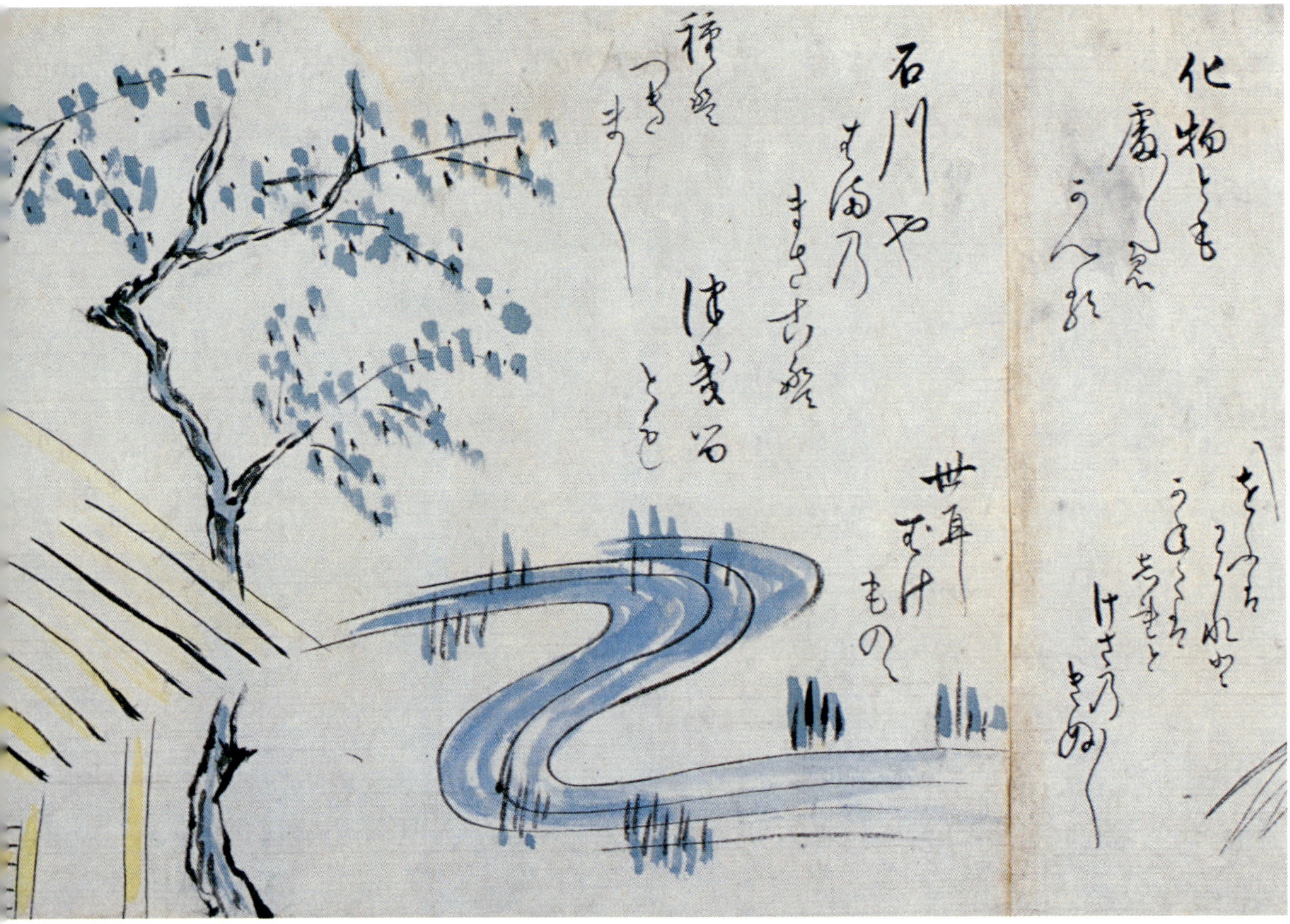

きる
　　　　　　きぬふ
　　　　　　あかきあり
　　　松をあふぎて
　　　　きつゝ
　　　　まみえる久

そら
かあるゝ

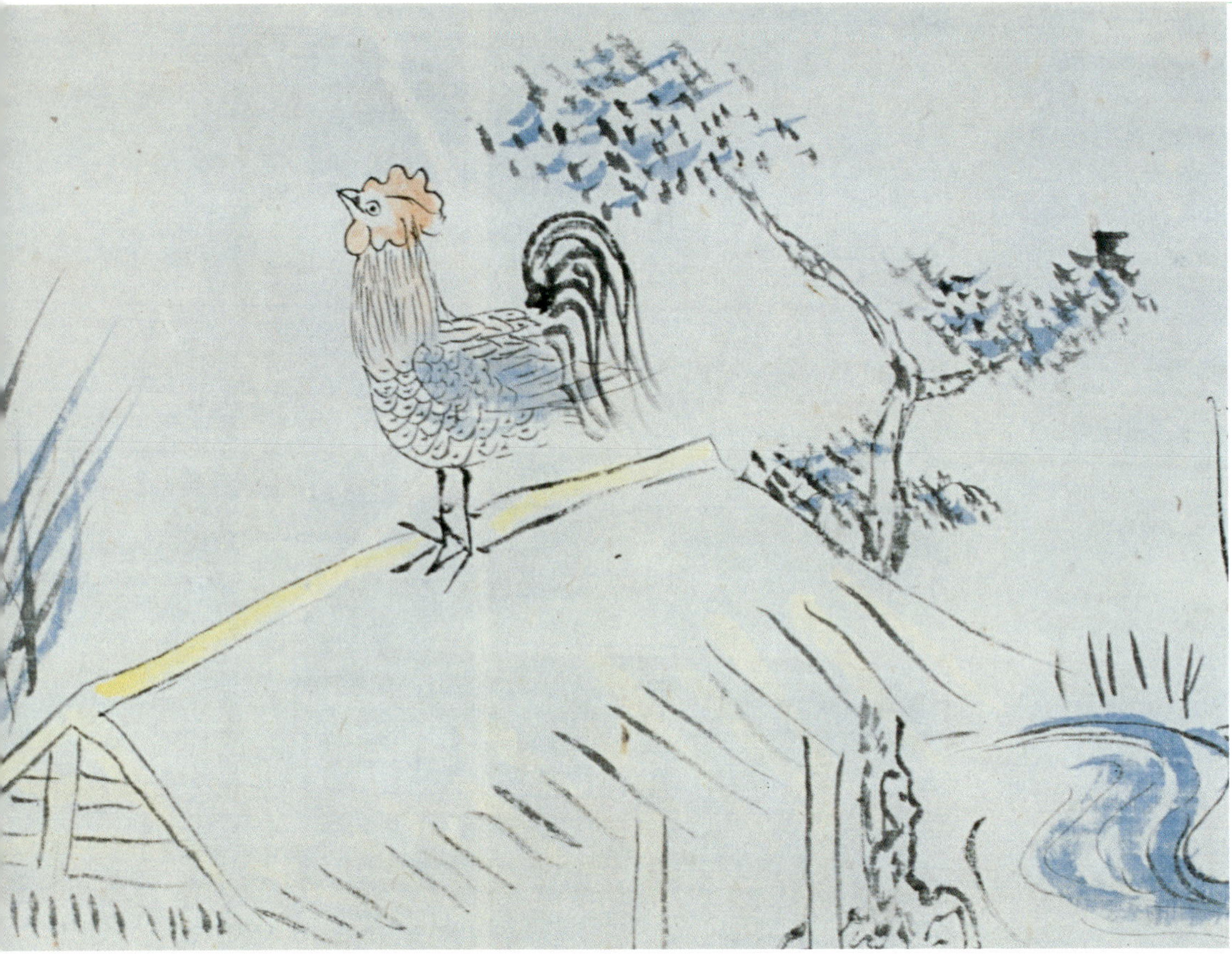

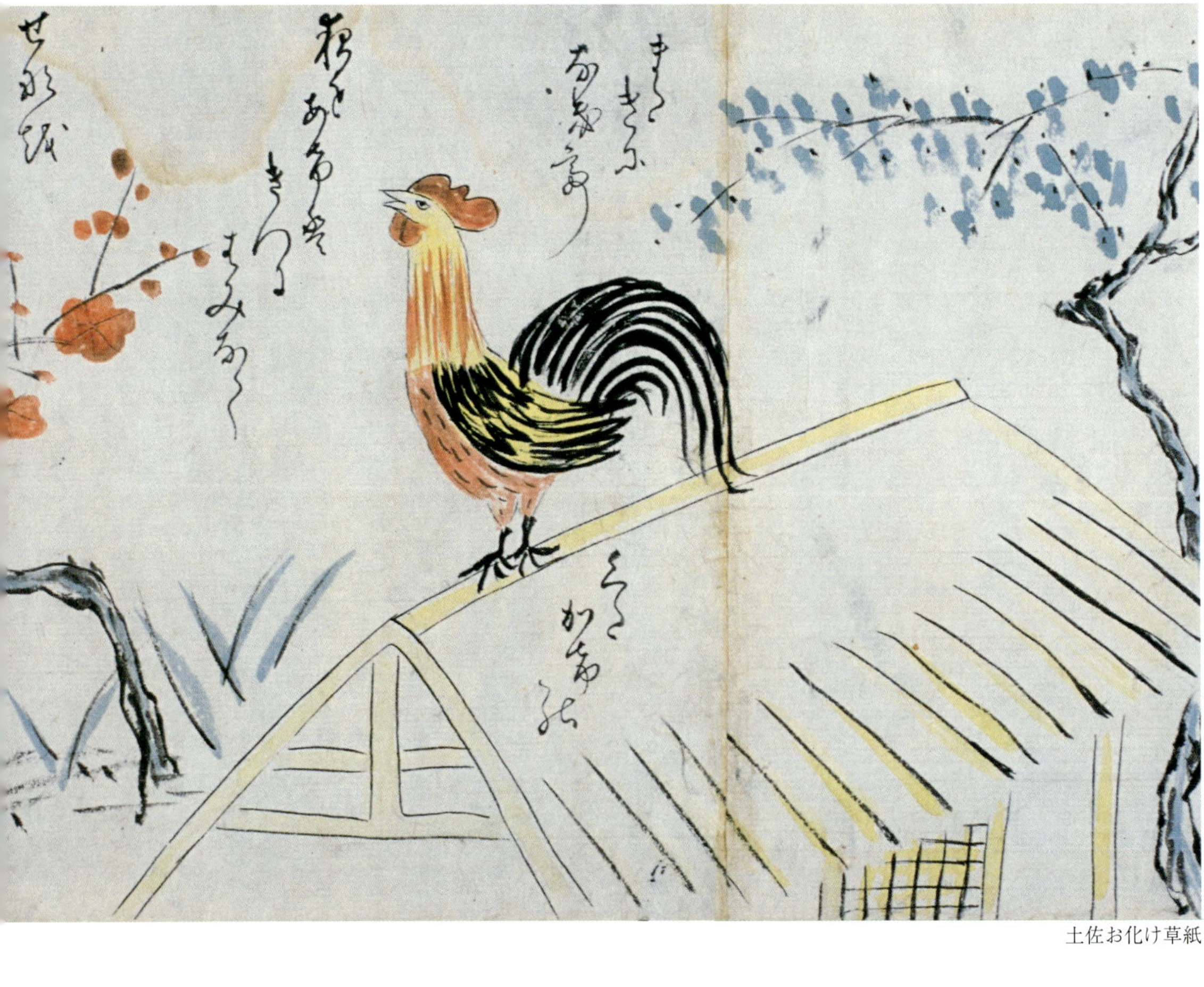

土佐お化け草紙

安政六年己未八月上旬写之

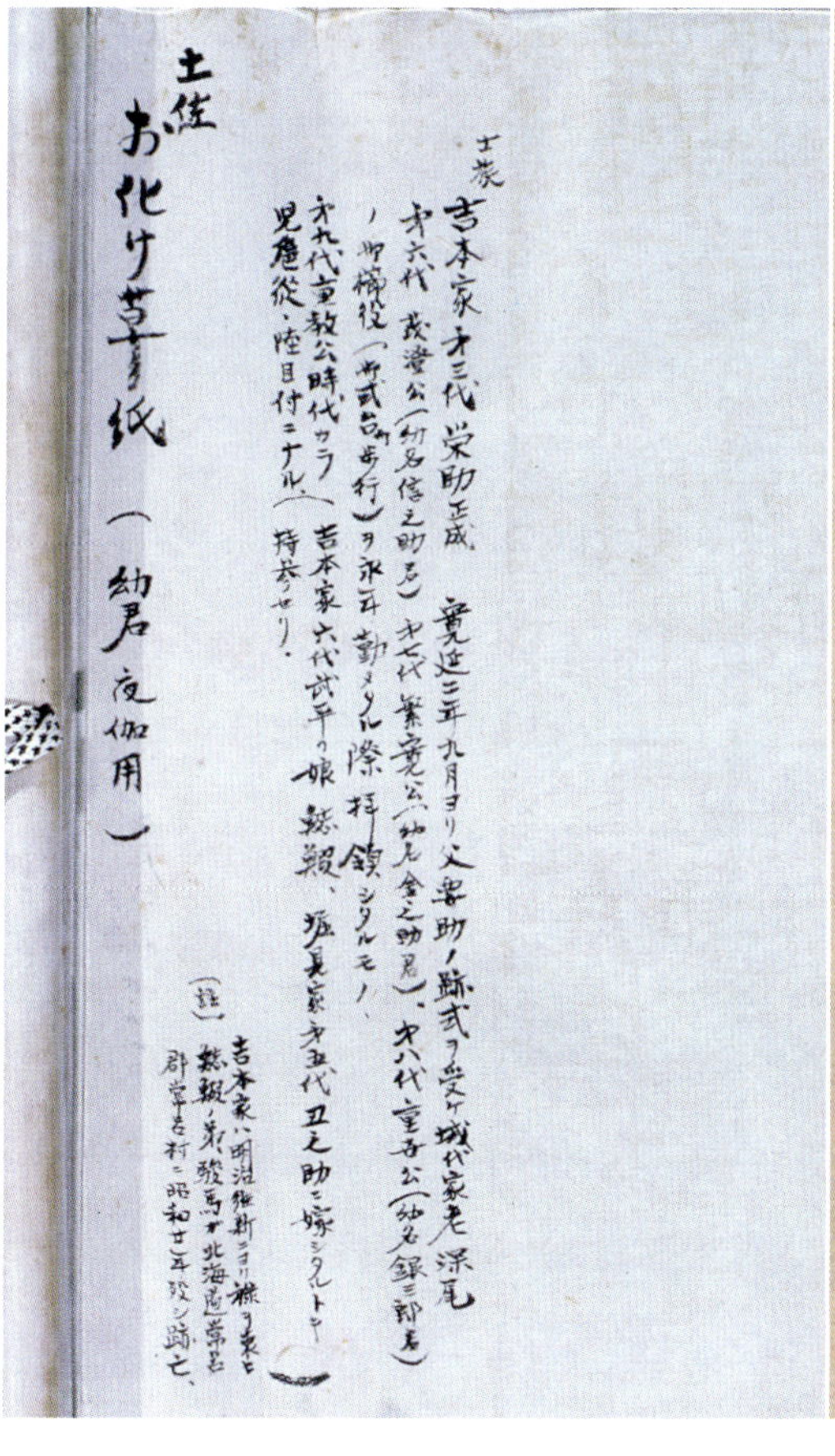
土佐
お化け草紙
（幼君夜伽用）

〈佐川町本〉では「石川や…」の歌だけで「夜もあけば…」の歌は入っていない。また、〈堀見家本〉では見られない朝日が描かれ「安政六年己未八月上旬写之」なる年記がある。

ばけもの絵巻

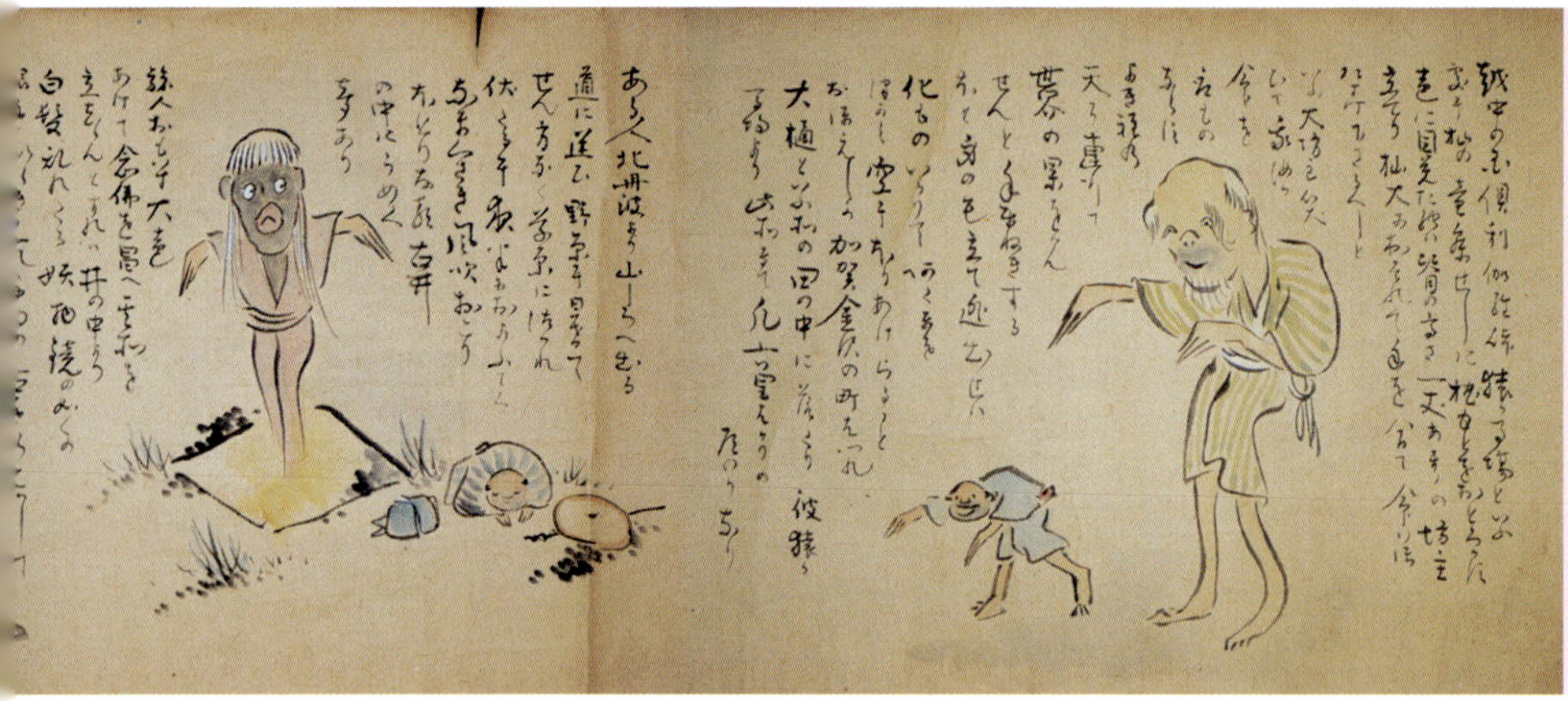

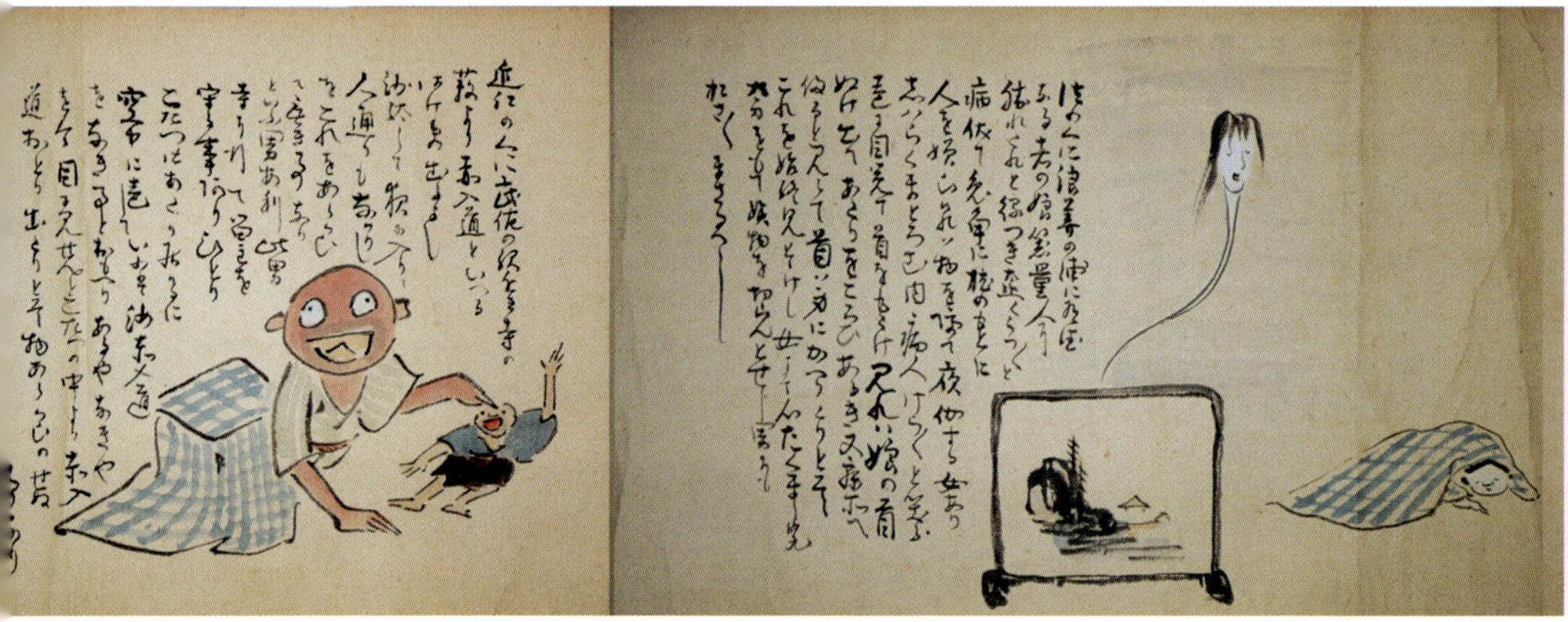

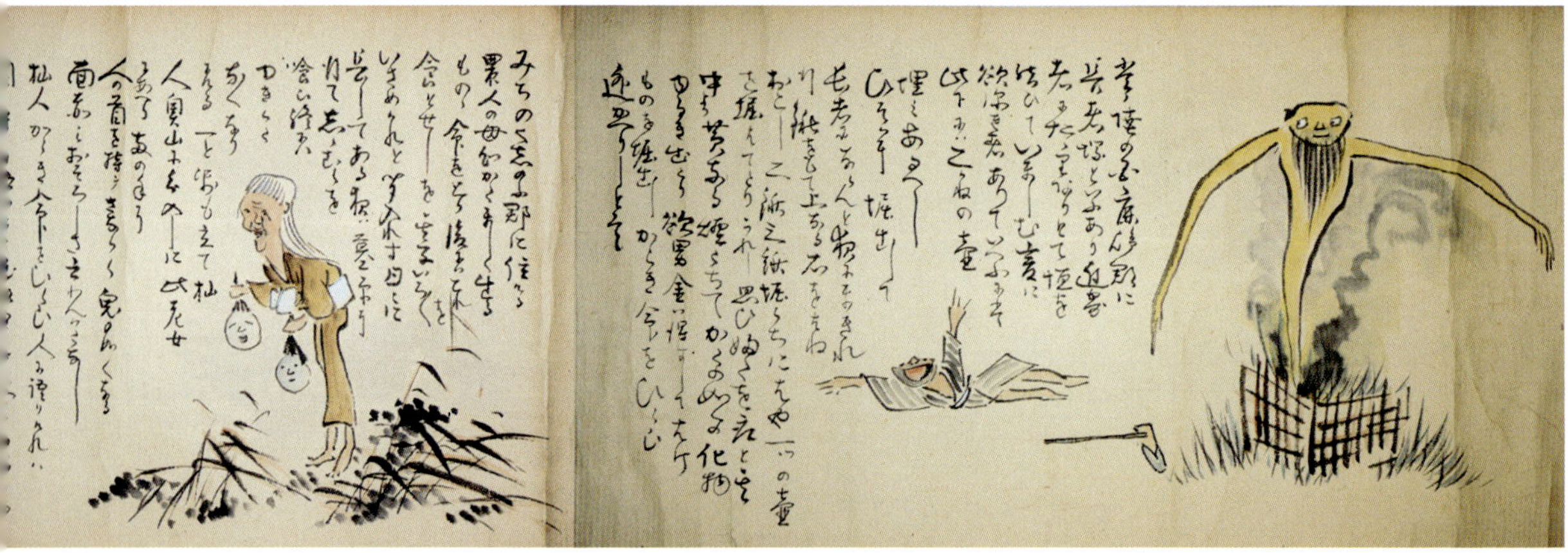

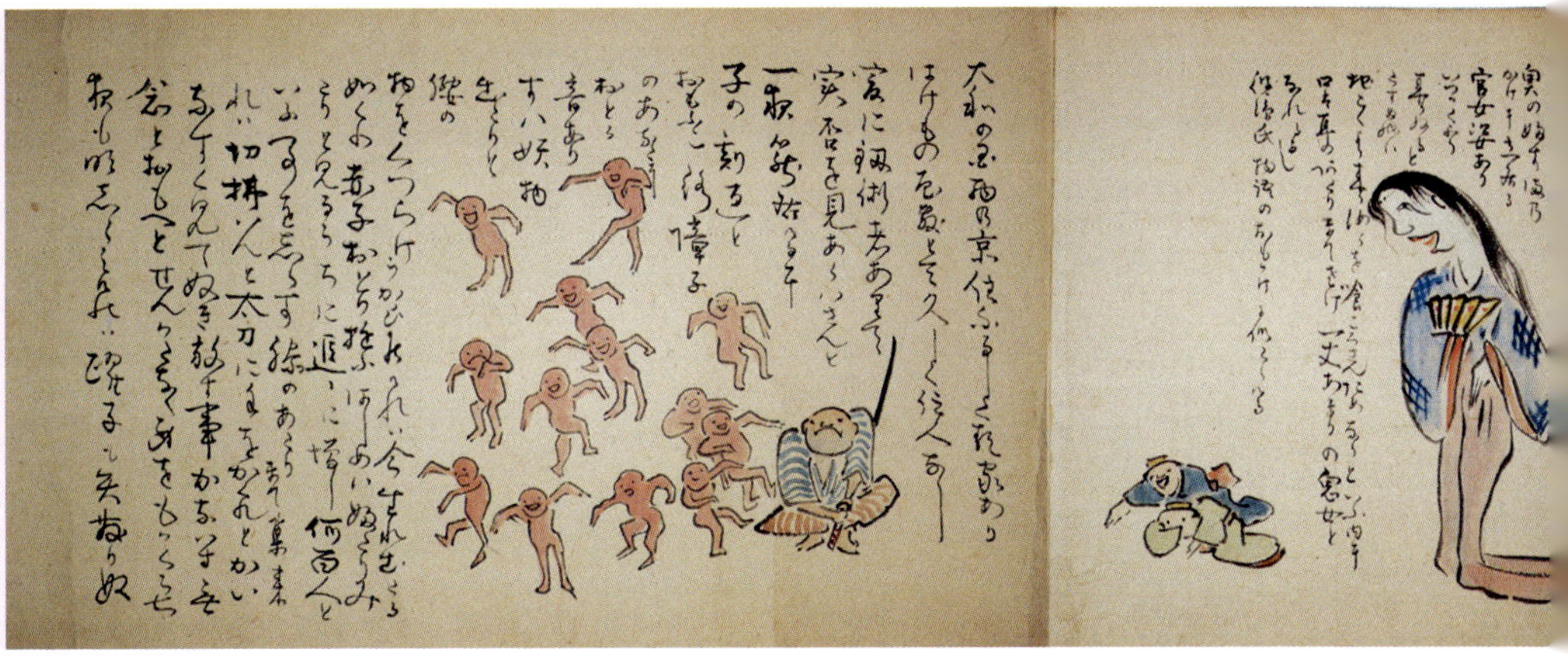

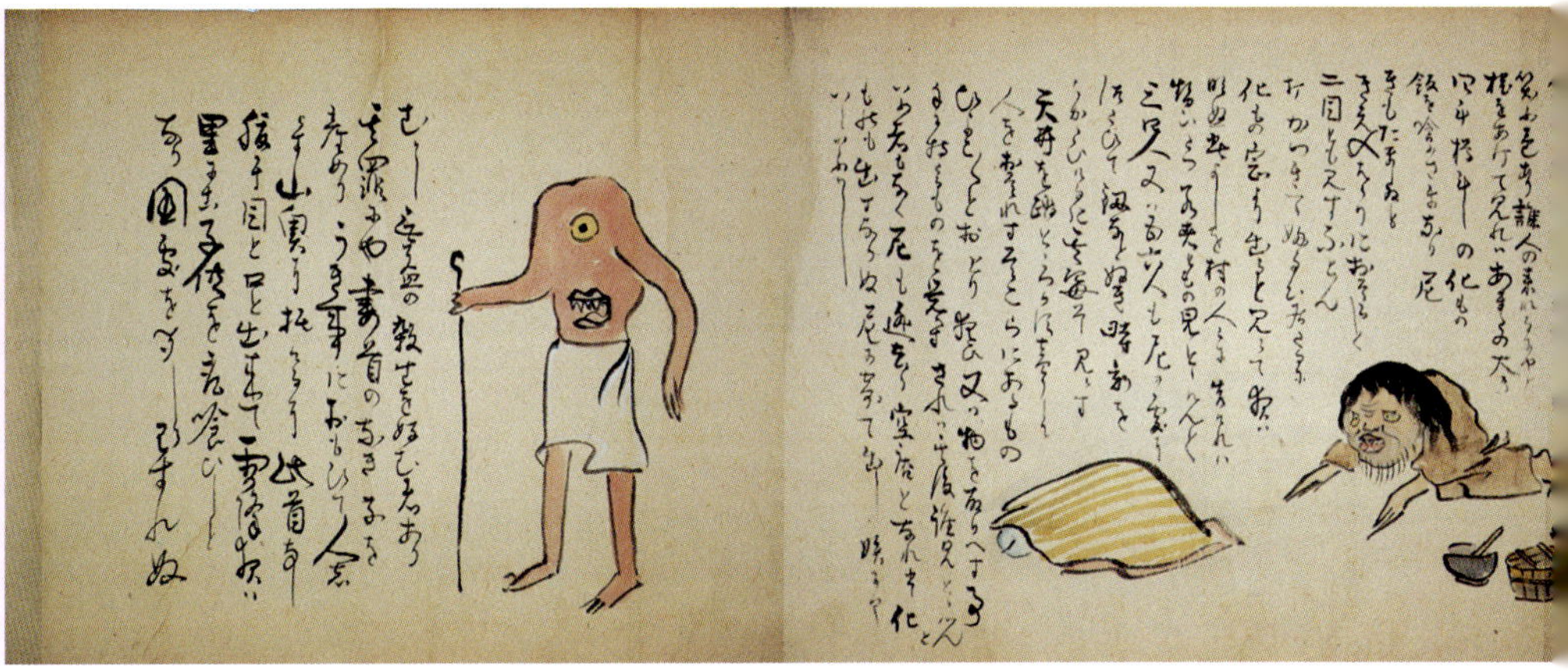

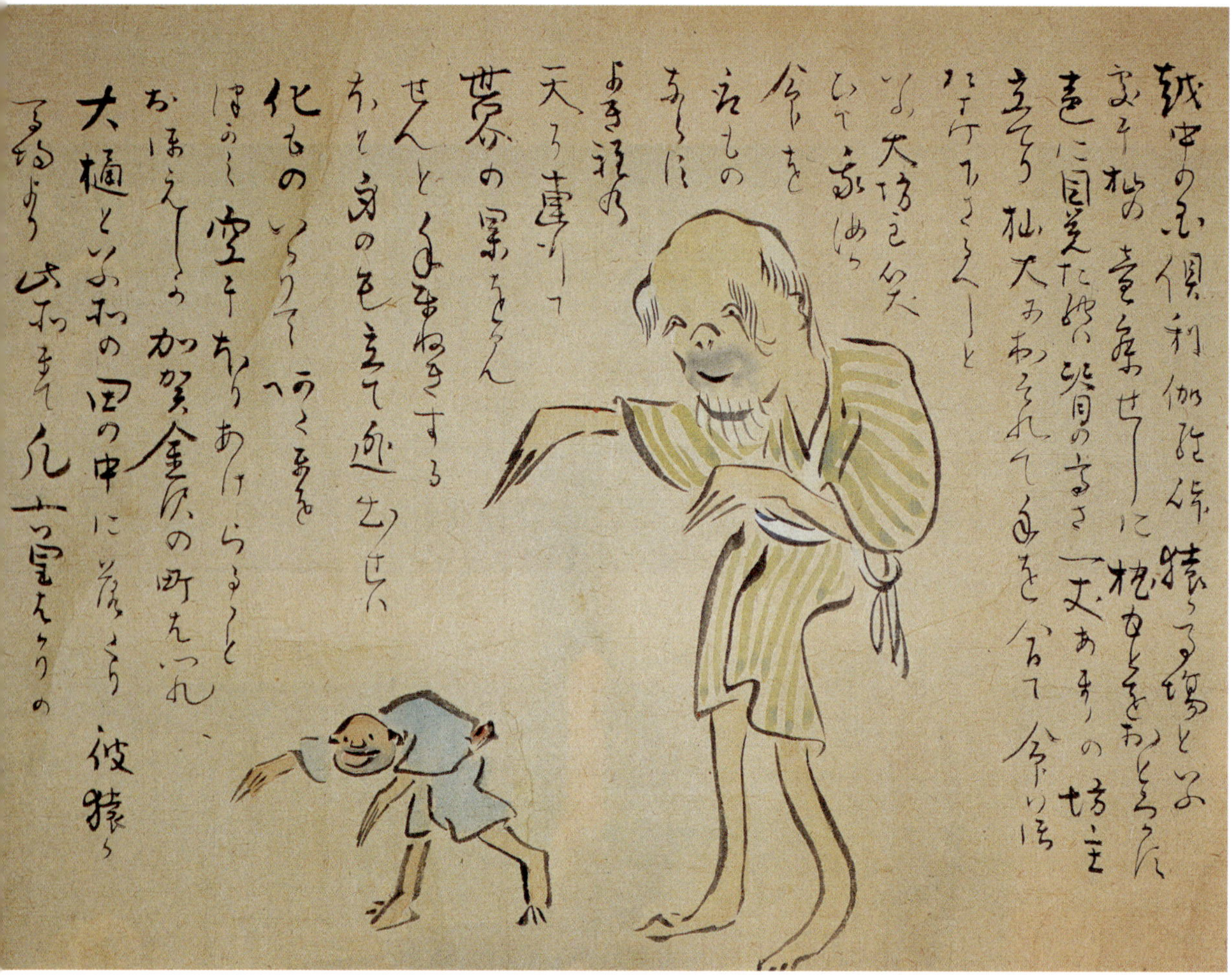

〔大坊主〕

越中の国、倶利伽羅峠猿ヶ馬場といふ処に、杣の昼寝せしに、枕もとをおどろかす声に目覚たれば、背の高さ一丈あまりの坊主立てり。杣、大におそれて、手を合て、命は御たすけ下さるべしといふ。大坊主、笑ひて、我汝が命を取ものならず、よき程の天に連行て、世界の果を見せんと、手まねきするほど、身の毛立て、逃出せば、化ものいかりて、あたまをつかみ、空にほりあげらるるとおぼえしが、加賀金沢の町はづれ、大樋といふ所の田の中に落たり。彼猿ヶ馬場より此所まで、凡六里ばかりの道のりなり。

倶利伽羅峠は石川と富山の県境近くに位置する。寿永二（一一八三）年、木曽義仲と平維盛の合戦で知られる。猿ヶ馬場は平家軍が布陣した場所でもある。

「一丈あまり（約三メートル）の坊主」は見越入道を指すのであろう。見越入道の話は各地に伝えられているが、これもその一つといえよう。

大樋は現在の金沢市大樋町。

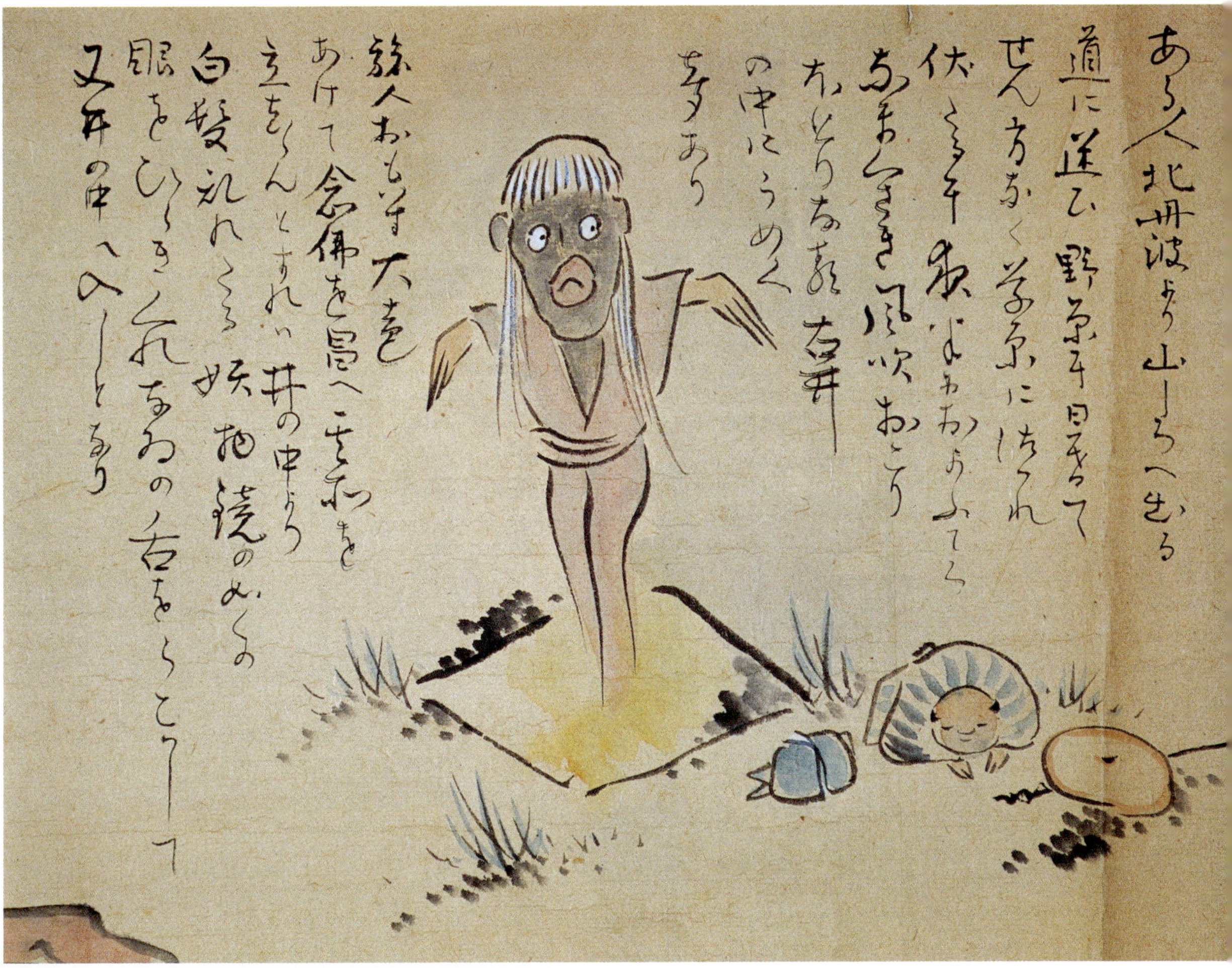

〔井戸から出る白髪の妖怪〕

ある人、北丹波より山しろ（山城）へ出る道に迷ひ、野原に日暮て、せん方なく草原につかれ伏たるに、夜半におよぶころ、なまぐさき風吹おこり、ほとりなる古井の中にうめく声あり。旅人おもはず大声あげて、念仏を昌へ、其所を立去らんとすれば、井の中より、白髪乱れたる妖物、鏡の如くの眼をひらき、くれなゐの舌をうごかして、又井の中へ入しとなり。

「北丹波より山しろへ出る道に迷ひ」とあるところから現在の京都府における怪異談であろう。井戸は異界への入り口であり、打ち捨てられた野原の古井戸から呻く声がして妖物が出現したのは井戸に関わる因縁か。鳥山石燕の『今昔百鬼拾遺』には「狂骨」なる井中の白骨が収録されている。

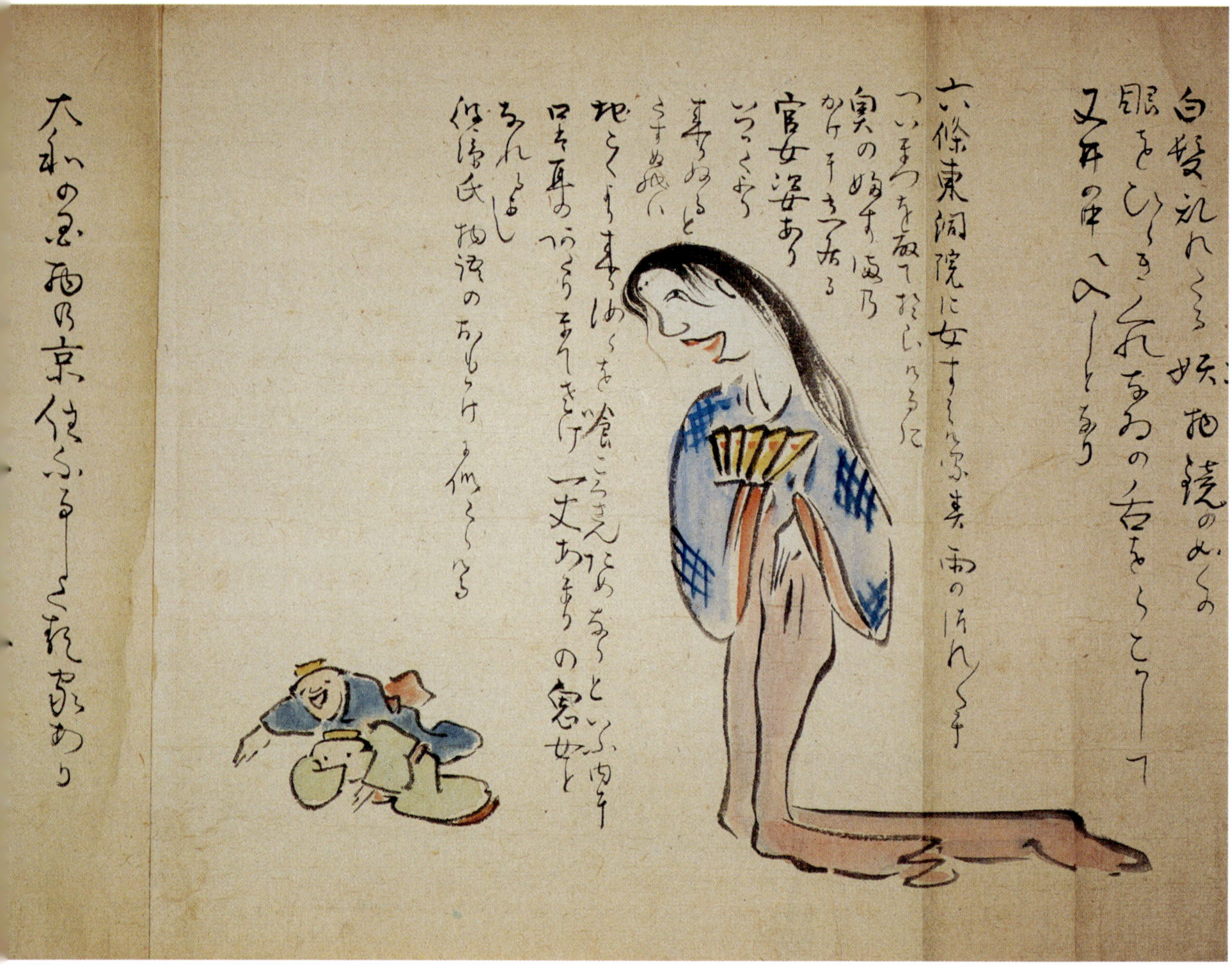

〔巨大な鬼女〕

六條東洞院（ひがしのとういん）に女すみける。春雨のつれ〲に、ついまつ（続松）を取（とり）て遊びけるに、奥のふすまのかげに立居る官女姿あり。いづかたより来（きた）りぬるとたずぬれば、地ごくより来り、汝らを喰ころさんためなりといふ内に、口は耳のあたりまでさけ、一丈あまりの鬼女となれるよし。彼（かの）源氏物語のおもかげに似たりける。

六條東洞院は現在の京都市六条の東洞院通近辺。怨念を持った女が鬼女に変ずる話は多い。

「一丈（三メートル）あまりの鬼女」とあるが、巨大な背丈の女の妖怪としては鳥山石燕の『画図百鬼夜行』に二階にまで背丈の伸びた「高女（たかおんな）」が描かれている。同様のものとして「高女房」がある。

「ついまつ」は歌カルタのこと。

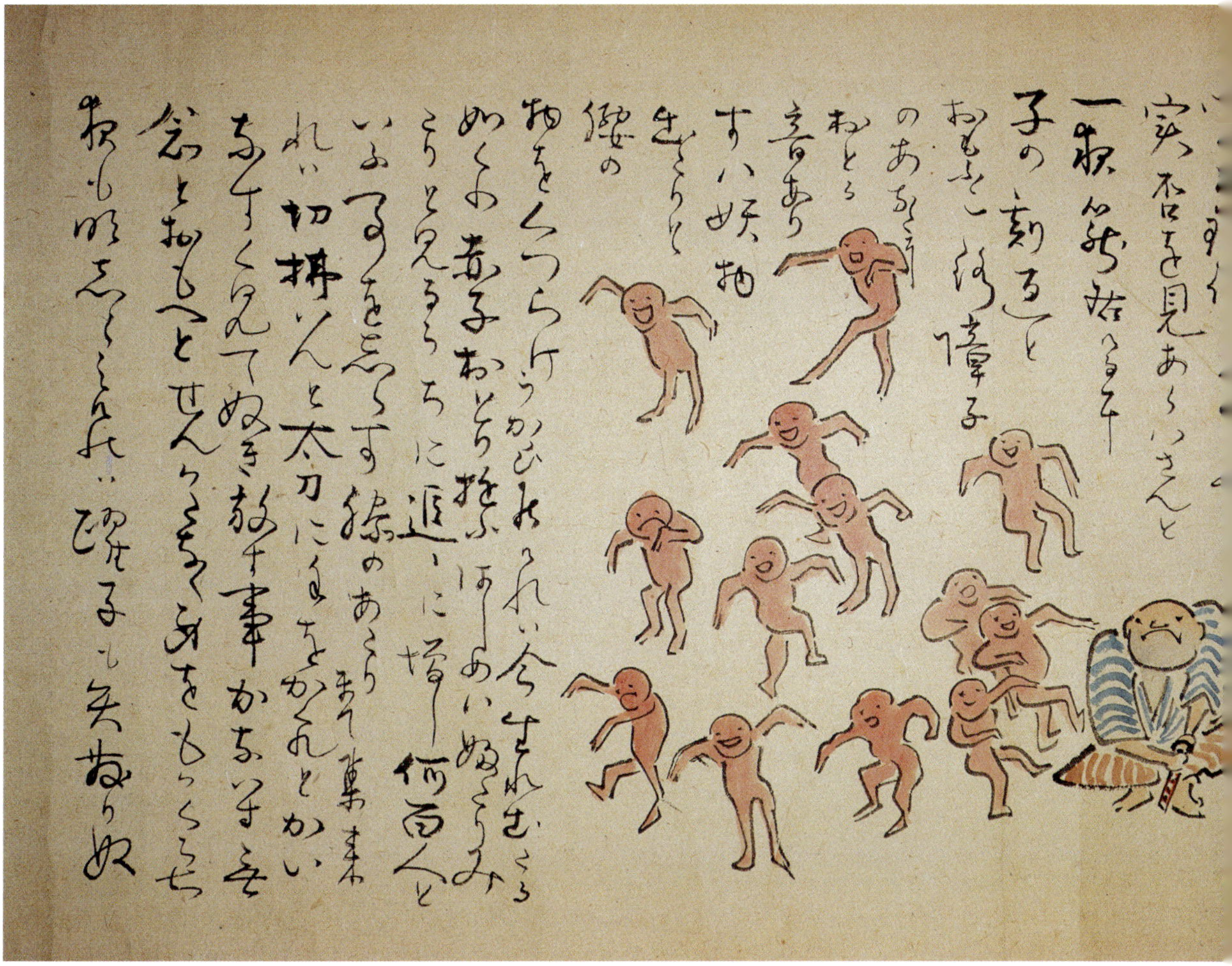

赤子の怪

大和の国、西の京、住ふるしたる家あり。ばけもの屋敷とて、久しく住人なし。爰に剣術者ありて、実否を見あらはさんと、一夜籠居けるに、子の刻過とおもふころ、障子のあなたにおどる音あり。すは妖物出たりと、腰の物をくつろげ、うかがひ居ければ、今生れ出たる如くの赤子、おどり遊ぶ。はじめはふたりみたりと見るうちに、追々に増し、何百人といふ事をしらず。膝のあたりまで集来れば、切払はんと、太刀に手をかくれど、かいな（腕）すくみて、ぬき放す事かなはず。無念とおもへど、せんかたなく、身をもがくうち、夜も明しらみければ、躍子も失散りぬ。

「西の京」は朱雀大路より西の右京のこと。赤子の怪は『蕪村妖怪絵巻』にもみられる。ここでは数百の赤子とあるが、『蕪村妖怪絵巻』では数千もの赤子が出現している。何人もの小さな人物が出現する怪としては、屏風に描かれた南蛮人が絵から抜け出るケースなどがある。

「子の刻」は午前零時頃。

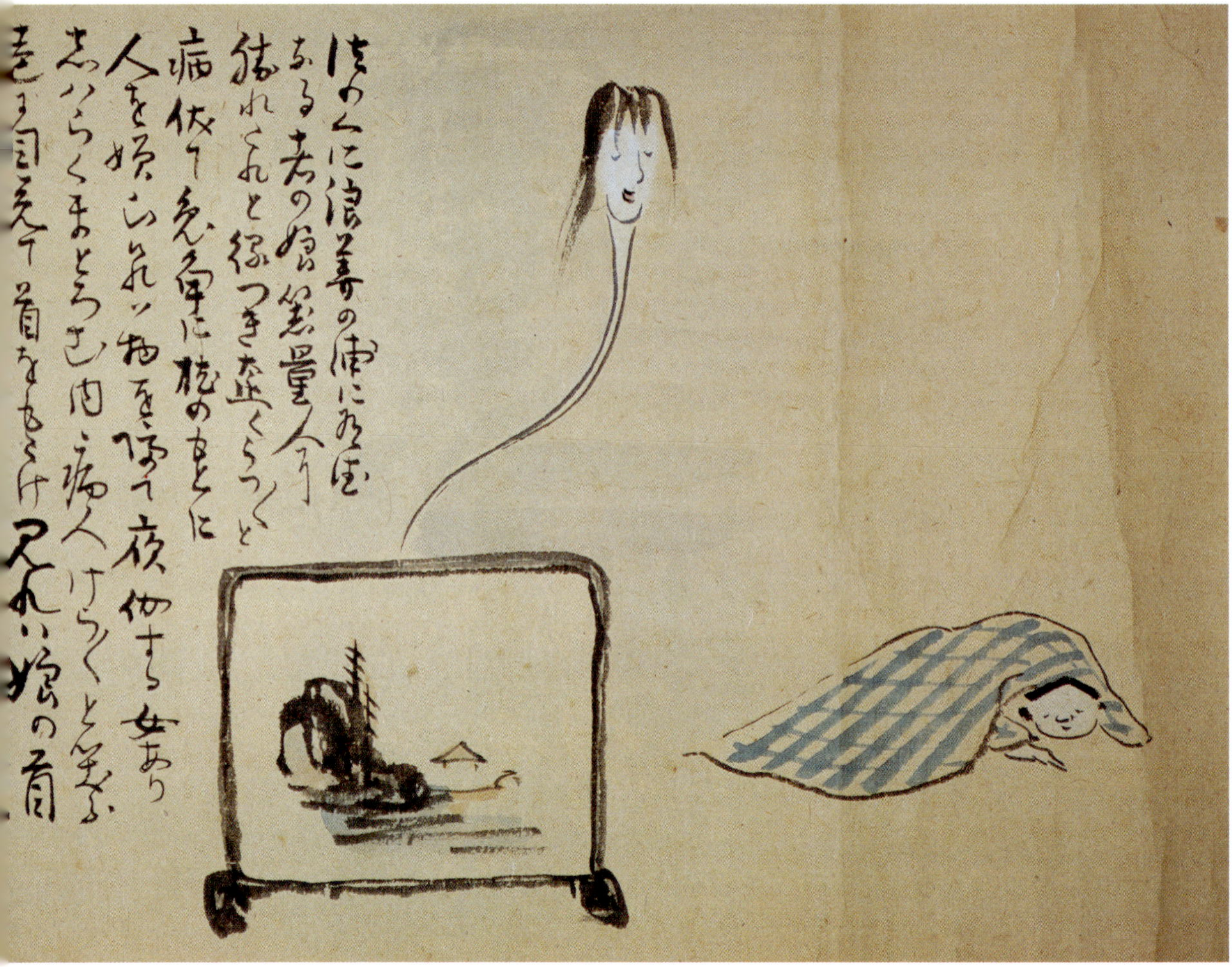

〔抜け出る首〕

津のくに、浪華の浦に、有国なる者の娘、器量人に勝れたれど、縁つき渋く、うつ〳〵と病伏て、兎角に枕のもとに人を嫌ひければ、物を論で夜伽する女あり。しばらくまどろむ内、病人、けら〳〵と笑ふ声に目覚て、首をもたげ見れば、娘の首ぬけ出て、あたりをころびあるき、又寝所へ帰ると見えて、首は身にかへりたりとぞ。これを始終見とどけし女、うで心たくましく、太刀をもて妖物を切らんとせし。男にもおさ〳〵まさるべし。

轆轤首の話は数多いが、体から首が完全に離れて遠方にまで飛んでいくケースと首が長く伸びて体と頭はつながっているケースがある。ここに描かれた轆轤首は後者のようだ。「飛頭蛮」とも書く。「抜け首」ともいう。

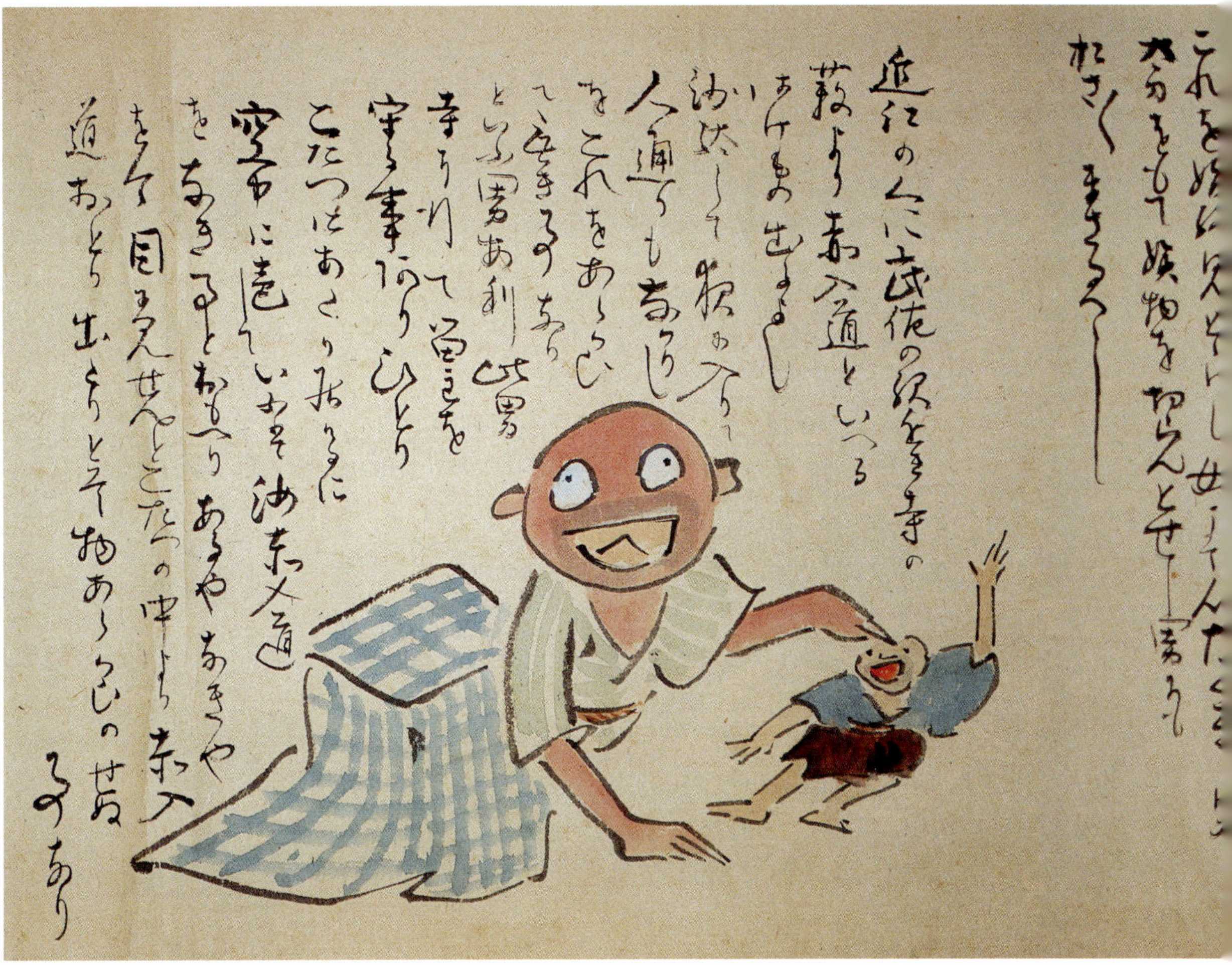

〔赤入道〕

近江のくに、武佐の駅せき寺の藪より、赤入道といへるばけもの出るよし沙汰して、夜に入りて人通りもなかりしを、これをあらがひ（抗い）て、無き事なりといふ男あり。此男、寺に行て留主を守る事あり。ひとりこたつにあたり居けるに、空中に声していふは、汝赤入道をなき事とおもへり、あるやなきやを今目に見せんと、こたつの中より、赤入道おどり出たりとぞ。物あらがひのせぬ事なり。

こたつのなかから姿を現した入道は赤い体をしている。体の赤い入道ということで赤入道と呼ばれているのだろう。熊本県八代市の松井文庫に所蔵されている妖怪図鑑的絵巻『百鬼夜行絵巻』にも「赤入道」なる体の赤い妖怪が描かれているが、こちらの妖怪は「元興寺」に似ている。

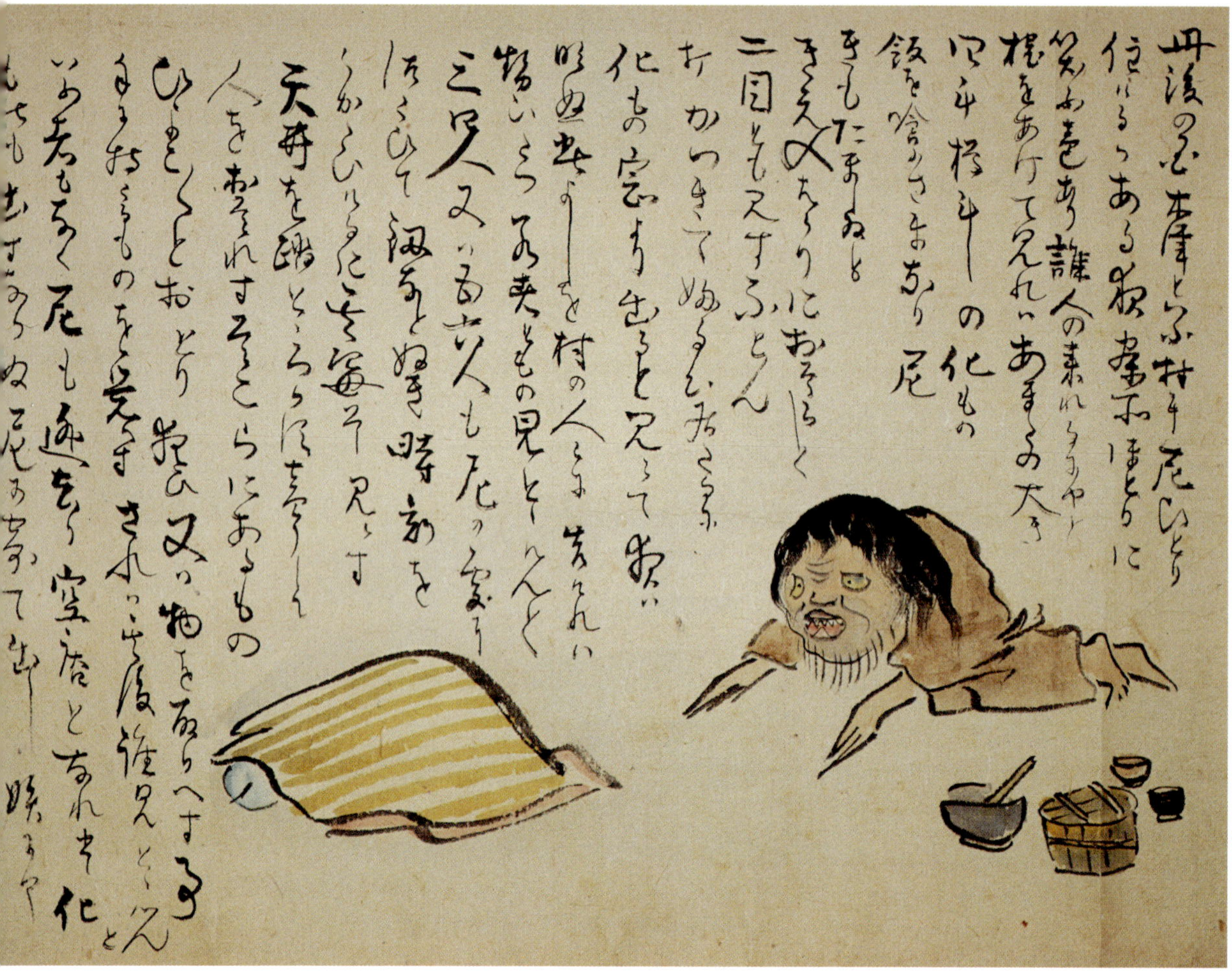

〔飯を食う化物〕

丹後の国、木津といふ村に、尼ひとり住けるが、ある夜、台所ほとりに笑ふ声あり。誰人の来れるにやと、枢をあけて見れば、あまたの大き四斗樽斗の化もの、飯を喰ふさまなり。尼、きもたましゐもきえ入ばかりにおそろしく、二目とも見ず、ふとん打かづきて、ふるひ居たるに、化もの窓より出ると見えて、夜は明けぬ。此よしを村の人々に告ければ、勢ひたつ若者どもの見とどけんと、三四人、又は五六人も、尼の処につどひて、剣などぬき、時刻をうかがひけるに、其姿ぞ見えず、天井を踏とどろかす声して、人をおそれず、そこらにあるものひよこ〳〵とおどり狂ひ、又は物を取かへす事、手に持たるものを覚へず。されば、其後誰見とどけんといふ者もなく、尼も逃去り、空庵となれば、化ものも出ずなりぬ。尼に寄て出し妖くわい（妖怪）といふべし。

愛媛県西条市近辺では「赤シャグマ」という妖怪の話が伝えられているが、赤シャグマは人が寝静まったころに台所で弁当のおかずを食べる子供のような妖怪という。また、明治時代の新聞には毎日白米三斗と煮染を食べる妖怪のことが報じられている。

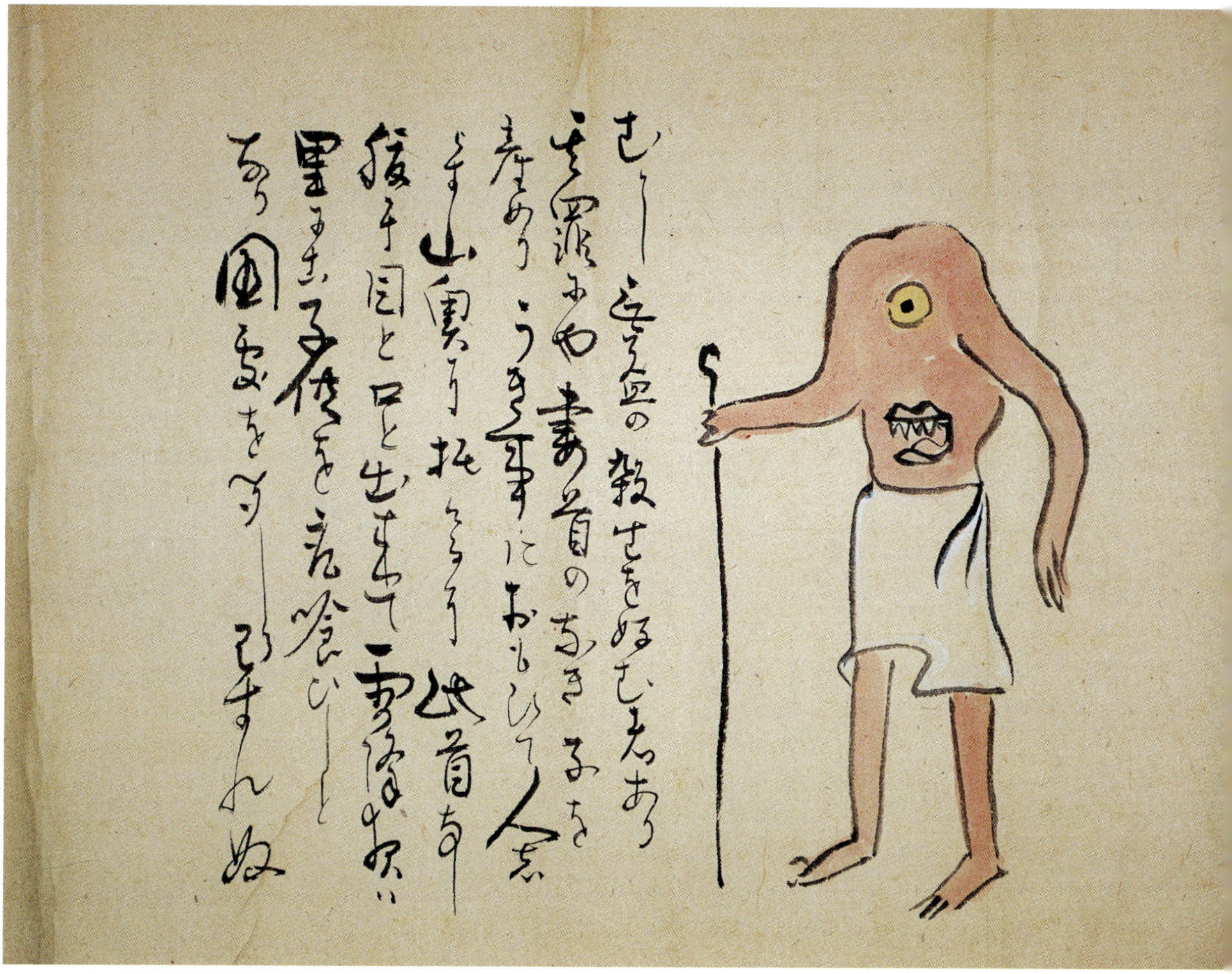

〔首のない妖怪〕

むかし、無益の殺生を好む者あり。其罪にや、妻、首のなき子を産めり。うき事（憂き事）におもひて、人しらず山奥に捨けるに、此首なし、腹に目と口と出来て、雪降夜は、里に出、子供を取喰ひしとなり。国処を聞しにわすれぬ。

松井文庫の『百鬼夜行絵巻』に収録されている「胴面」という、顔がなくて胴体に目、鼻、口のある妖怪に酷似した姿をしている。だが、胴面は目が二つあり、大人の顔つきをしているのに対して、ここに描かれた妖怪は一つ目であり、山奥に捨てられた顔のない子供が変じた妖怪だから、顔つきも若いようだ。

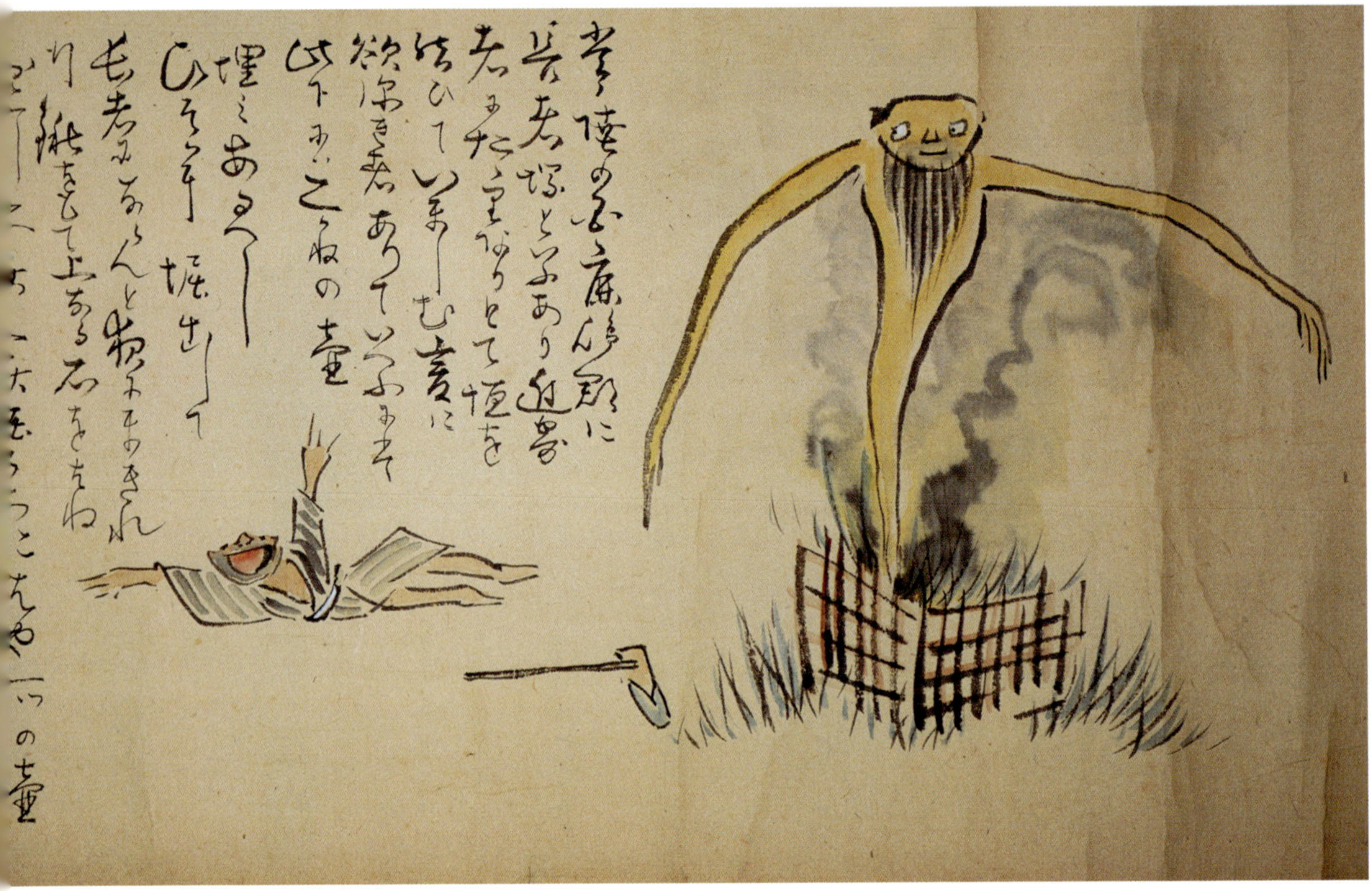

〔壺から出る化物〕

常陸の国、鹿嶋郡に、長者塚といふあり。近寄者にたたりありとて、桓を結ひていましむ。爰に、欲深き者ありていふには、此下にはこがね（黄金）の壺埋みあるべし。ひそかに掘出して長者にならんと、夜にまぎれ行、鍬をもて上なる石をはねおこし、二鍬三鍬掘うちに、はや一つの壺を掘はてたり。うれしく思ひ、ふたを取と、其中より黄なる煙たちて、かくの如くの化物ゆるぎ出たり。欲男、金は得ずして、ばけものを掘出し、からき命をひろひ、逃かへりしとぞ。

常陸国鹿島郡（現在の茨城県鹿嶋市）の長者塚に埋まっていた黄金が入っているといわれた壺から出てきた妖怪を描いているが、黄色の姿は黄金を象徴するものかもしれない。黄色い煙が立ったのもこの妖怪と関連があるのだろう。エビのような非常に長い手が特徴的だ。

〔陸奥の鬼婆〕

みちのく、しのぶ（信夫）郡に住ける農人の母、心かたましく、生るものの命をとり、後にはこれを食とせしを、其子いろ〳〵いさめけれど、聞入れず。日々に長じて、ある夜は墓原に行て、ししむらを喰ひ、終にはゆきがた（行方）なくなりにける。一と歳も立て、杣人、奥山に分入しに、此老女にあへり。両の手に人の首を持て、さながら鬼の如くなる面赤く、おそろしさ云わんかたなし。杣人、からき命をひろひ、人に語りければ、国の守より伝ありて、飛道具をもつてうちころすべしと、七村に触あり。村々立合て、其ありし所を取まき、鉄砲をうちたつれば、誠の鬼とかたちをなし、雲に乗りて失ぬ。

陸奥信夫郡は現在の福島県福島市。宮城県には疱瘡で死んだ子供の墓をあばいて食べる「疱瘡婆」の話が伝わっている。疱瘡婆もここに描かれた妖怪と同様に鉄砲で追われており、両者は関連のある言い伝えであろう。「かたまし」とは、悪賢いこと。

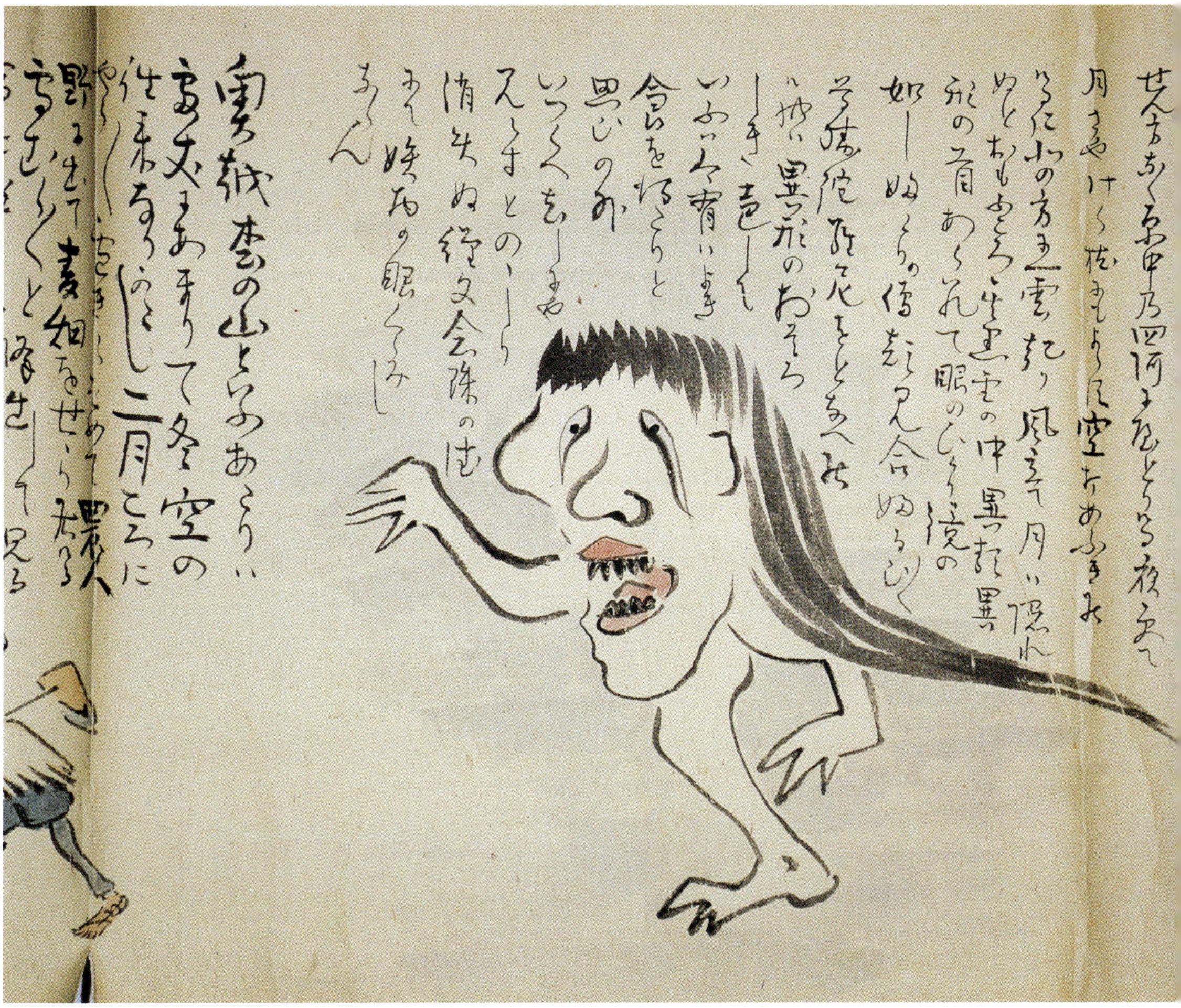

〔黒雲から出現した妖怪〕

西国の僧二人、京都に行とて、武蔵野に迷ひ、日暮て、せん方なく、原中の四阿にやどりける。夜更て、月さやけく、枕にもよらず、空打あふぎ（仰ぎ）居けるに、北の方に一雲起り、風立て、月は隠れぬとおもふころ、其黒雲の中、異類異形の首あらはれて、眼のひかり鏡の如し。ふたりの僧、顔見合、ふるひ（震い）〱尊勝陀羅尼をとなへ居ければ、異形のおそろしき声していふは、今宵はよき食を得たりと思ひの外、いづくへ去しにや見えずと、ののしり消失ぬ。経文念珠の法にて、妖物の眼くらみしならん。

突然わき起こった黒雲のなかに出現した異形の妖怪。僧を襲おうとしたが僧たちは読経により難を逃れたとある。松井文庫の『百鬼夜行絵巻』に描かれた「あそこここ」や国立歴史民俗博物館所蔵の『化物絵巻』に収録されている「黒煙」と同じ妖怪であろうが、「あそこここ」や「黒煙」はどのような妖怪なのかが記されていない。その点からもここに書かれた添文は貴重な記録といえよう。（尚、文字の下にある絵は、次頁「雪姥」の図）

和國の僧二人京都より武藏野に通ひける
ある夜あひぐう申乃四阿堂にやどり夜更て
月すみけるに枕もとに空あめふきま
ひろに小の方よ雲起り風さえ月い隠れ
やとおもふとろ忽達雲の中黒にあき黒
形の首あらわれて眼のひろう瞳の
如一めちらの僧おどろきあへる
芝陀尼花もとなへ
いる黒形のおそる
しき事けしく
もふぐち膏しき
合口をなさんと
思ひのか
いつしくをしま
えくすとのゝしら
情失ぬ経文会陳のは
らく様和の眠くろみ
ろくん

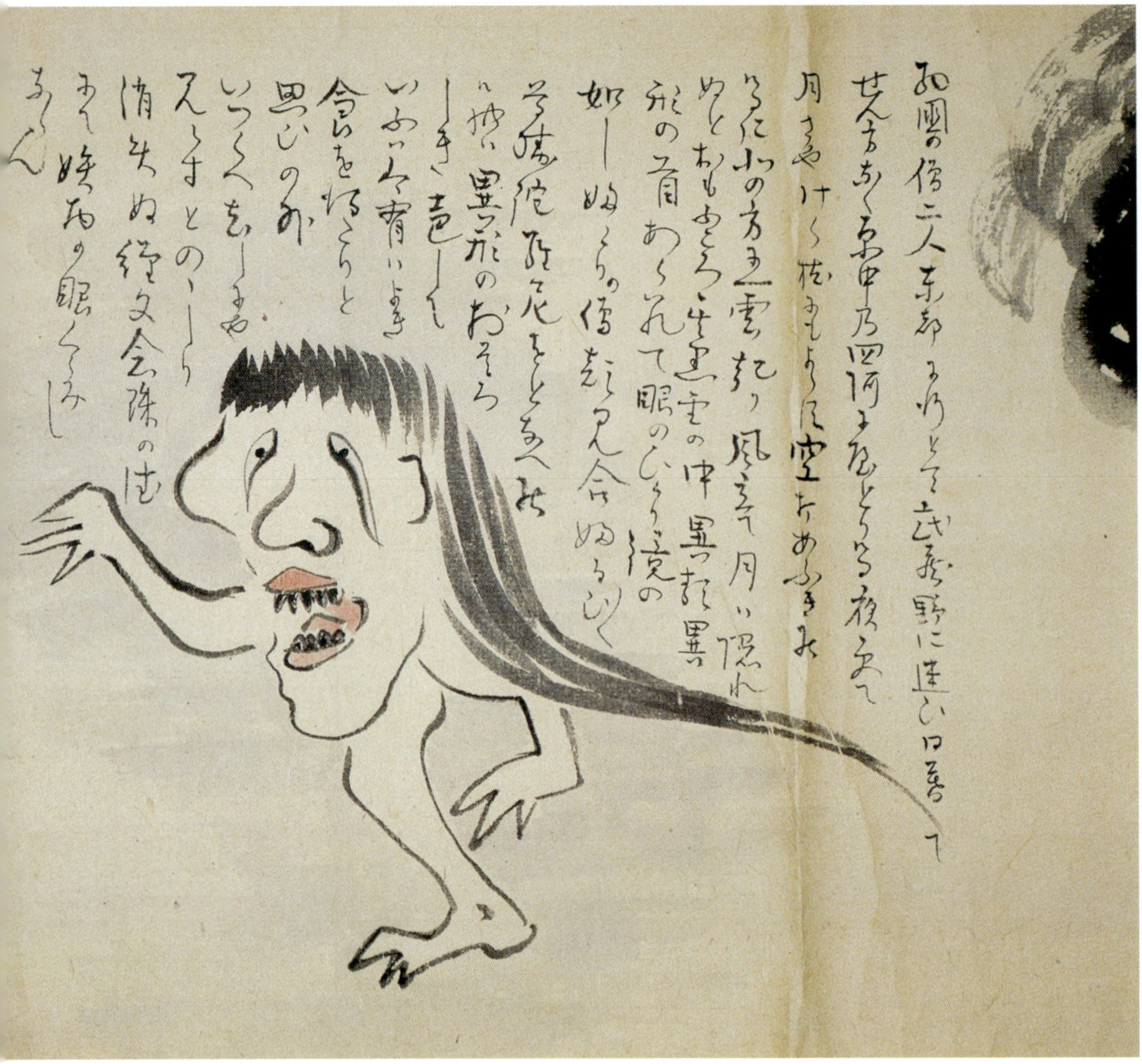

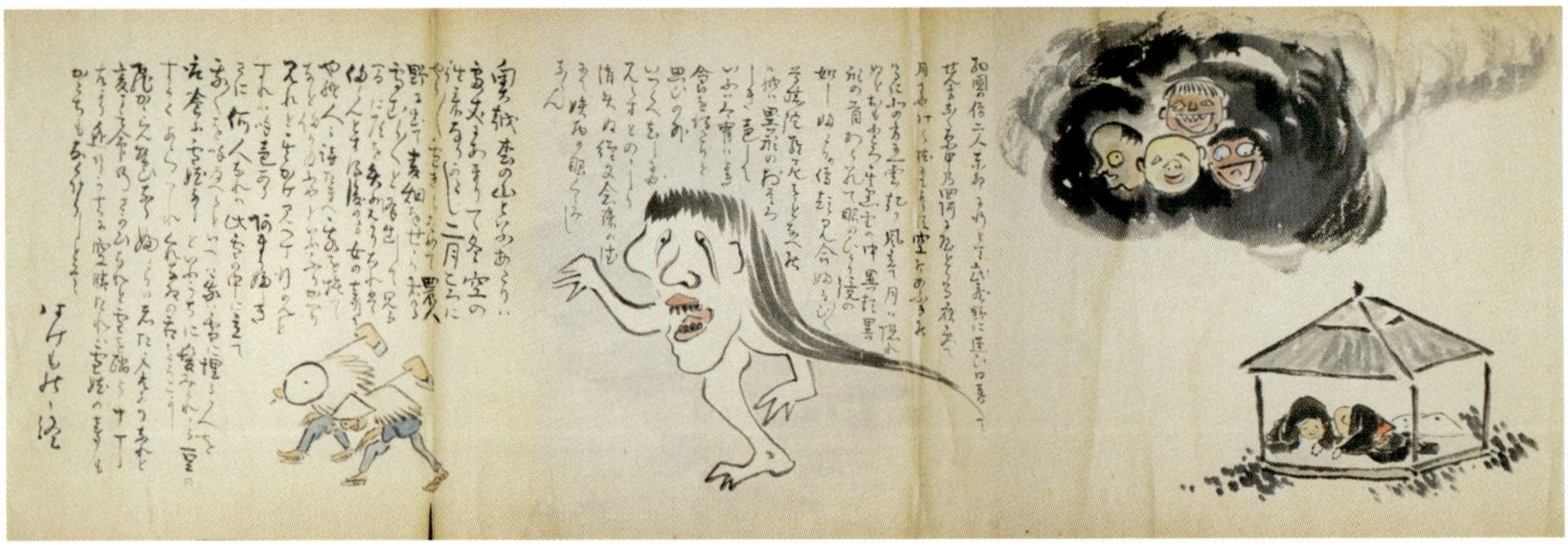

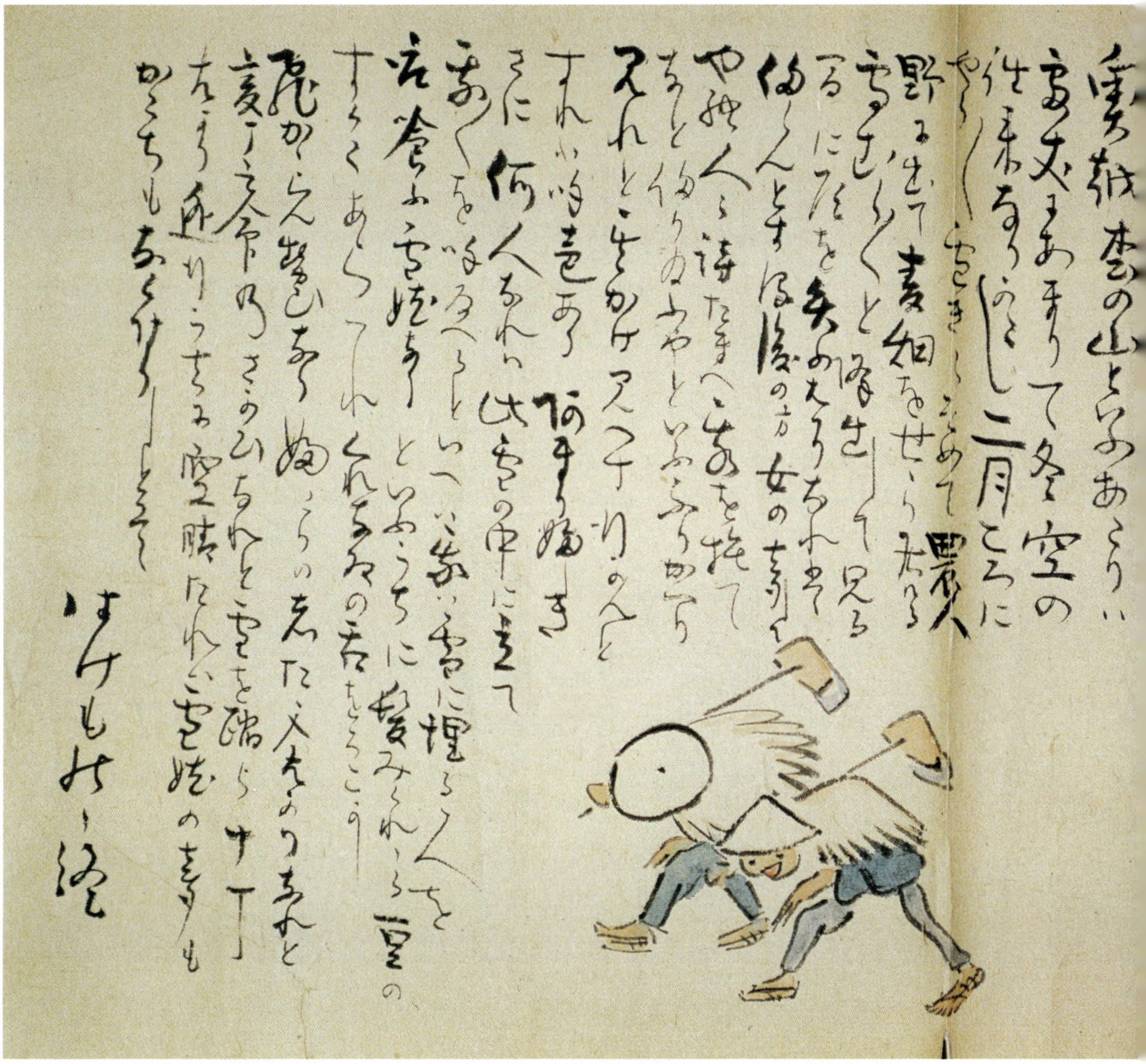

〔雪姥〕

奥越、松の山といふあたりは、雪丈(たけ)にあまりて、冬空の往来なりがたし。二月ころに、やう〳〵雪ぎぐ(器具)はめて、農人野に出(いで)て、麦畑をせせり居(おり)ける。雪さら〳〵と降出(ふりいだ)して、見る間に道を失ふばかりなれば、帰らんとする後の方、女の声して、やれ人々待(まち)たまへ、我を捨(すて)てなど帰り給ふやといふ。ふりかへり見れど、其(その)かげ見へず、行かんとすれば呼(よぶ)声あり、あまりふしぎさに、何人(なんびと)なれば、此(この)雪の中に立(たち)て我々を呼給へるといへば、我は雪に埋るる人を取喰(とりくら)ふ雪姥なりといふうちに、髪みだれたる一足のすがたあらはれ、くれなゐの舌をうごかし、飛(とび)かからん勢ひなり。ふたりの者たへ入(いる)ばかりなれど、爰(ここ)こそ命のさかひなれと、雪を踏分(ふみわけ)、十丁ばかり逃行(にげゆく)うちに、空晴(はれ)たれば、雪姥の声もかたちもなくなりしとぞ。

雪中に現れる一本足の妖怪の話はいくつか知られているが、この絵巻では画に描かれたかたちで伝えられている点で貴重である。

蕪村妖怪絵巻

禰宜よりいたゞきに
ひとつ描きて向きて
出てかゝりけるがつい
人をなやましけるに
禰宜どもの家臣橘兼政
誅伐せんと向いけるに彼
誅伐せんちつとおどろうで
描きをちつとおどろうで
胴ばらをたゝいてこゝ
うしてを候へばを福を
中だしにかくる立十目玉と
心よわかり立十目玉と
中だしにおけるに描又の
腹を割玉ば立り出
おきをみぐれは立るとて

あれうそうの
かけきをためて
うれふげに〜

京がた旅に辻めつらめ僧
はなを
めならざく一つの眼麓の宿に
障りそさえるとをつるまゝに

出羽の国提寺の縁下地の済の橋
うゞめゝけると

遠州見つけの宿
夜なくもば

その家にたちいり
柄の
訴ふを見るに丹に
みふの門口に
ならけるとな川

禰宜美若宮八幡
いてりーの木のばけた

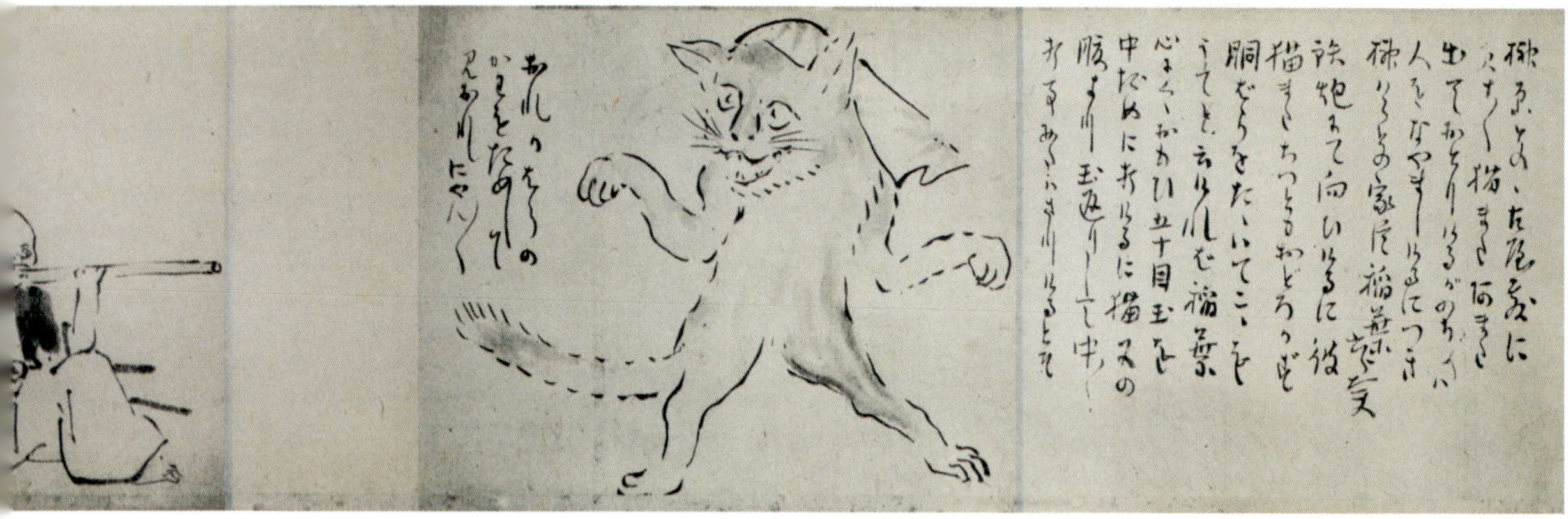

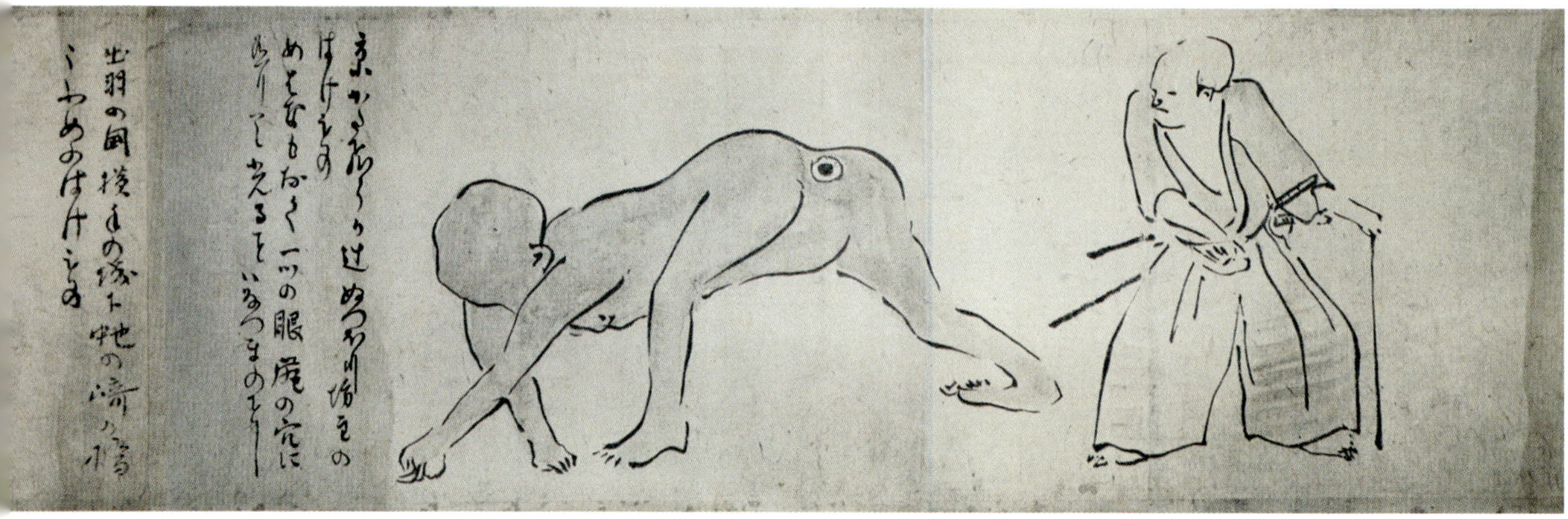

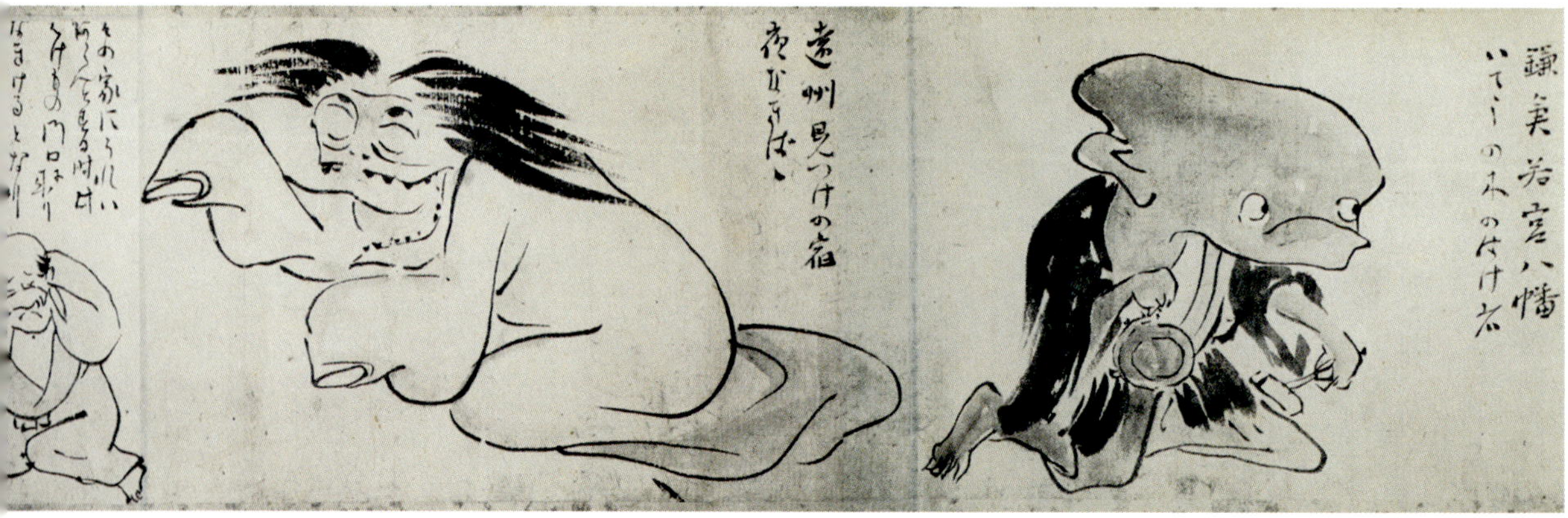

小笠原信之の
林一角坊

林一角法師釣りをするに狐来りて邪魔をす
狐西人の足をおして鳴らしける
うちは私平の赤ま何つも出し
一角坊をなぐり
行かせれ候

閏日五卯七えの中の夜
月さえ夜のさえけるに
佐竹の家来に
くに源左

山陽駒のうつろを
其宗良のけけるの

大阪本厳
西風の
けけるの

かしるやう
二三所に
ありてさの事に
うさくくと
けくいつきとし

柿原との、たゝかひに
いたく、猪きゝなきて
出てかゝりけるがのち、
人をもなやまじとにつき
柿りゝその家にを稲葉そへて
うて、飽えて向ひゐるに彼
猫せきちつをるおどろぞ
胴むちをたゝいてこゝを
うてとうりれむ、稲葉
心よろくおよい五十目玉を
中にぬにおけるに猫子の
脇より出玉返りして出く
まするみてふきけるとぞ

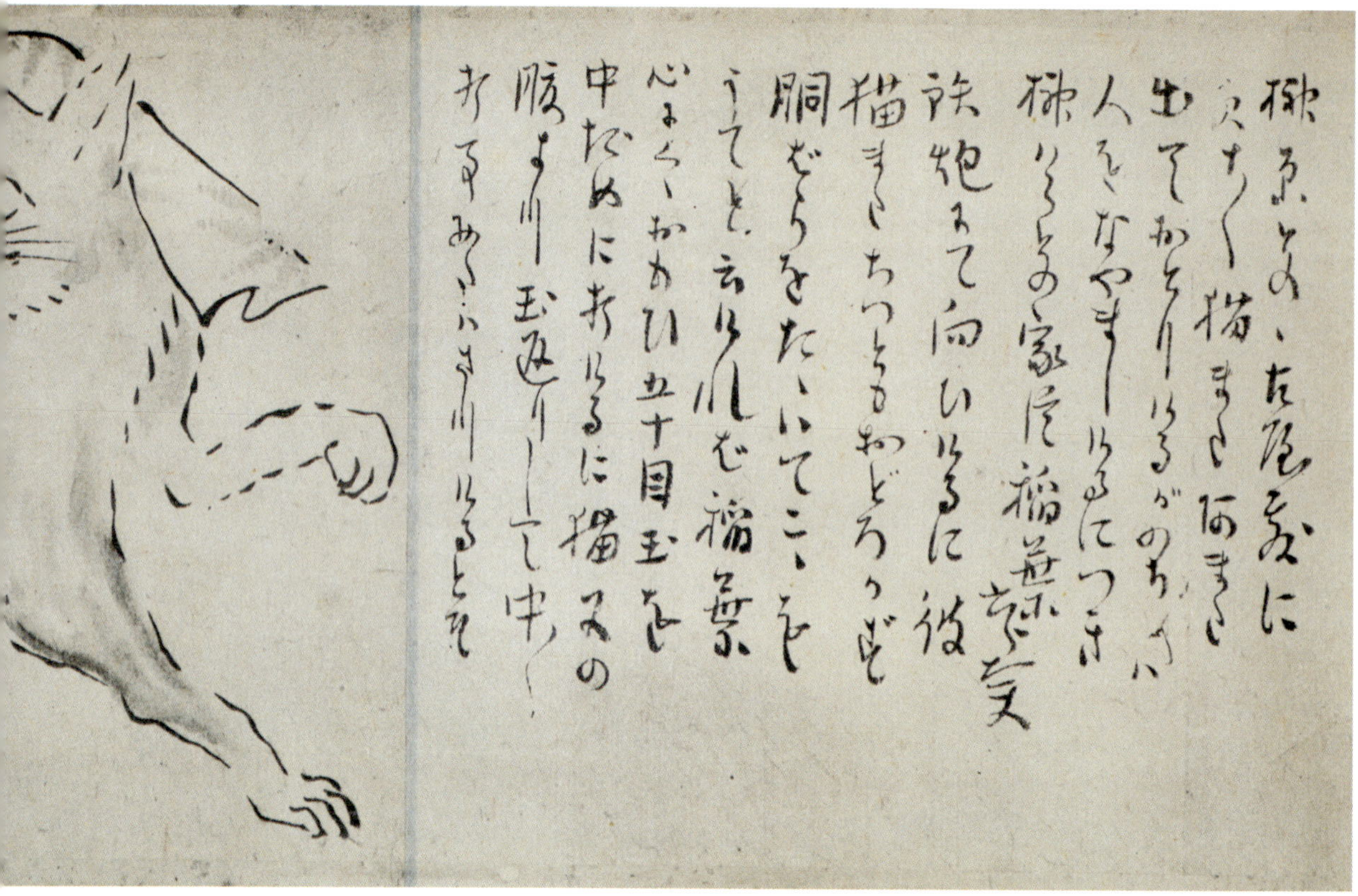

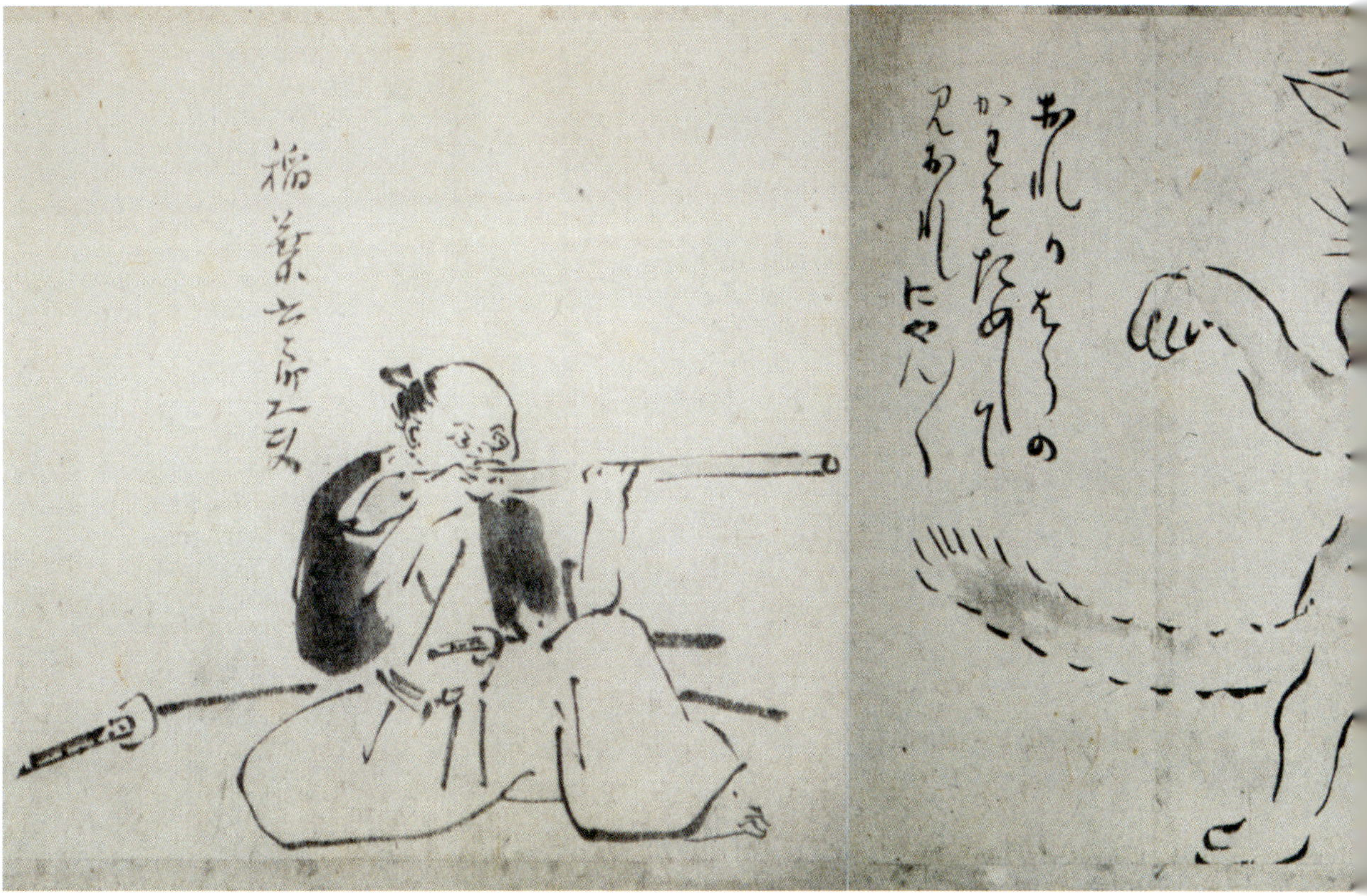

〔榊原家の化け猫〕

榊原どのの古屋敷に、夜な〳〵猫またあまた出ておどりけるが、のち〳〵は人をなやましけるにつき、榊ばらどの家臣稲葉六郎大夫、鉄砲にて向ひけるに、彼猫また、ちつともおどろかず、胴ばらをたたいて、ここをうてと云ければ、稲葉、心にくくおもひ、五十目玉を中だめに打けるに、猫又の腹より玉返りして、中々打事あたはざりけるとぞ。

おれがはらのかわをためして見おれ、にやん〳〵。

稲葉六郎大夫

年経た猫が猫股となって人を誑かしたり襲うという話は数多く伝えられている。猫股は尾が二つに割れているともいわれるが、ここでは尾は一本のようだ。手拭いを頭に被って踊るのも定番の話である。

小笠原坊うとの、沙汰に
林一角法師御りけるに招よせて
松百人の芝居で踊る体は如え
ける机をまるを押明らうい
ゆえに松平の赤まなつ川し
一角坊をなて
行くこきれ足

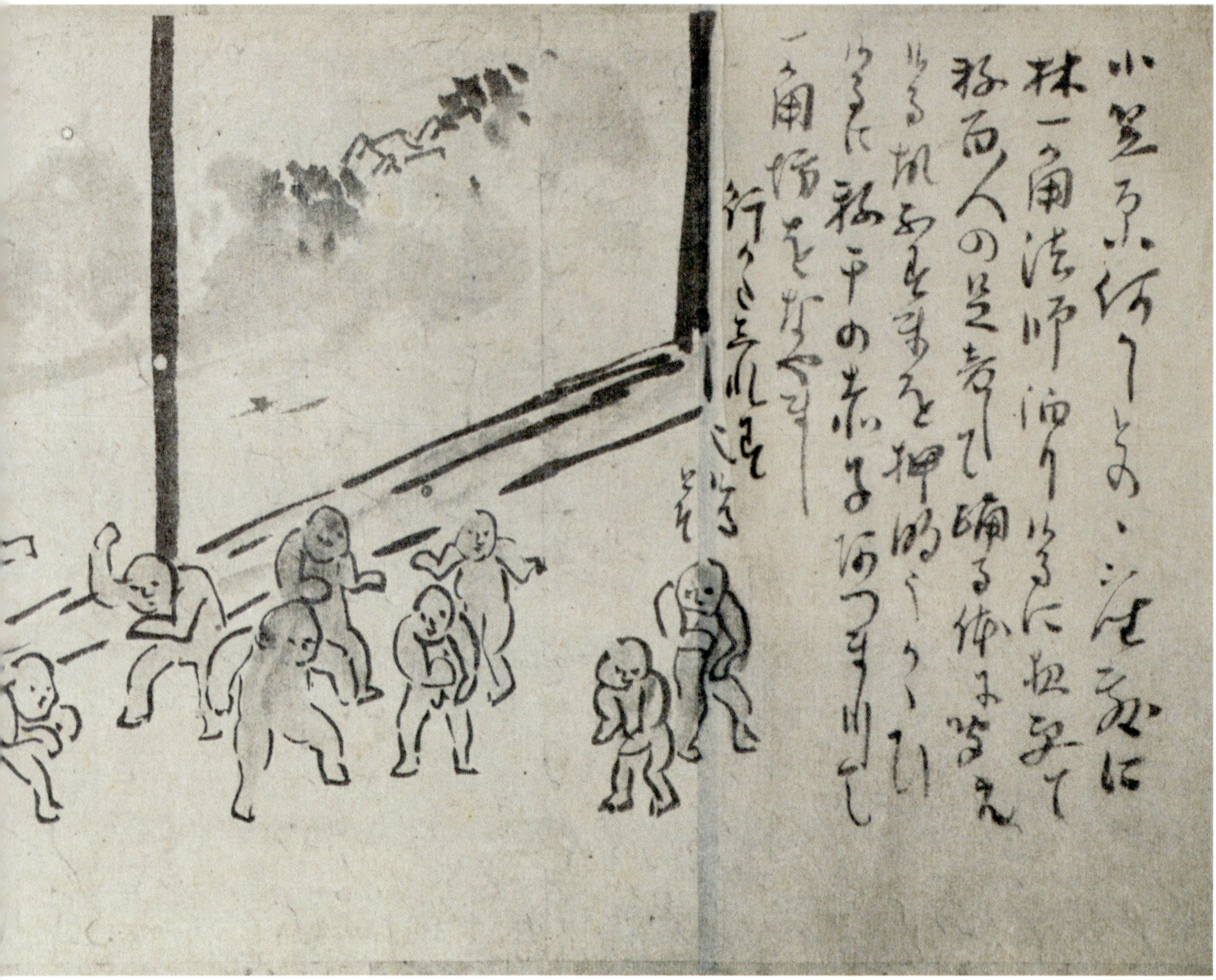

林一角坊

〔林一角坊の前に現れた赤子の怪〕

小笠原何がしどのの座敷に、林一角法師泊りけるに、夜更（ふけ）て、数百人の足音して踊る体（てい）に聞えける故、ふすまを押明（おしあけ）、うかがひけるに、数千の赤子あつまりて、一角坊をなやまし、行かたしれず也けるとぞ。

林一角坊

稲生物怪録（いのうもののけろく）や大石兵六夢物語などにも赤子の怪は記されている。小さな赤子が何百、何千も出てきたというケースの類例は、本書収録の『ばけもの絵巻』の赤子の怪にみることができるものの、両者の関連性については定かでない。

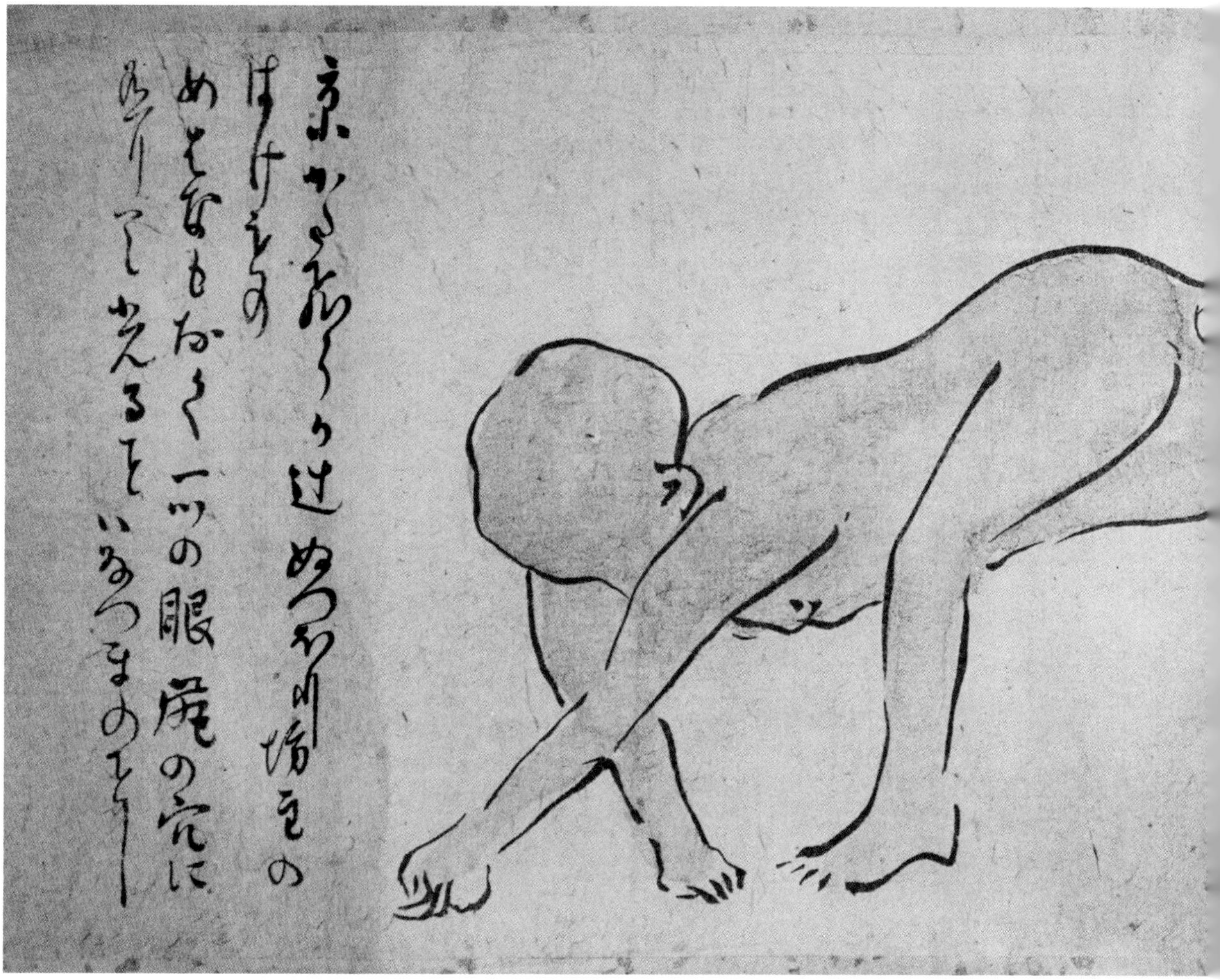

〔帷子辻のぬっぽり坊〕

京、かたびら（帷子）が辻ぬっぽり坊主のばけもの。めはな（目鼻）もなく、一ツの眼、尻の穴に有りて、光ることいなづまのごとし。

「ぬっぽり坊主」とあるが、顔に目、鼻、口などが描かれていないので、のっぺら坊のことであろう。「京都かたびらが辻」に出たと記されているが、京都におけるのっぺら坊の記録は散見でき、各地にも同じような話があるものの、尻に一つ目という形態はこの絵巻に描かれた「ぬっぽり坊主」の大きな特徴といえよう。

出羽の国檳毛の猿下地の崎の楊
うめのはけとの

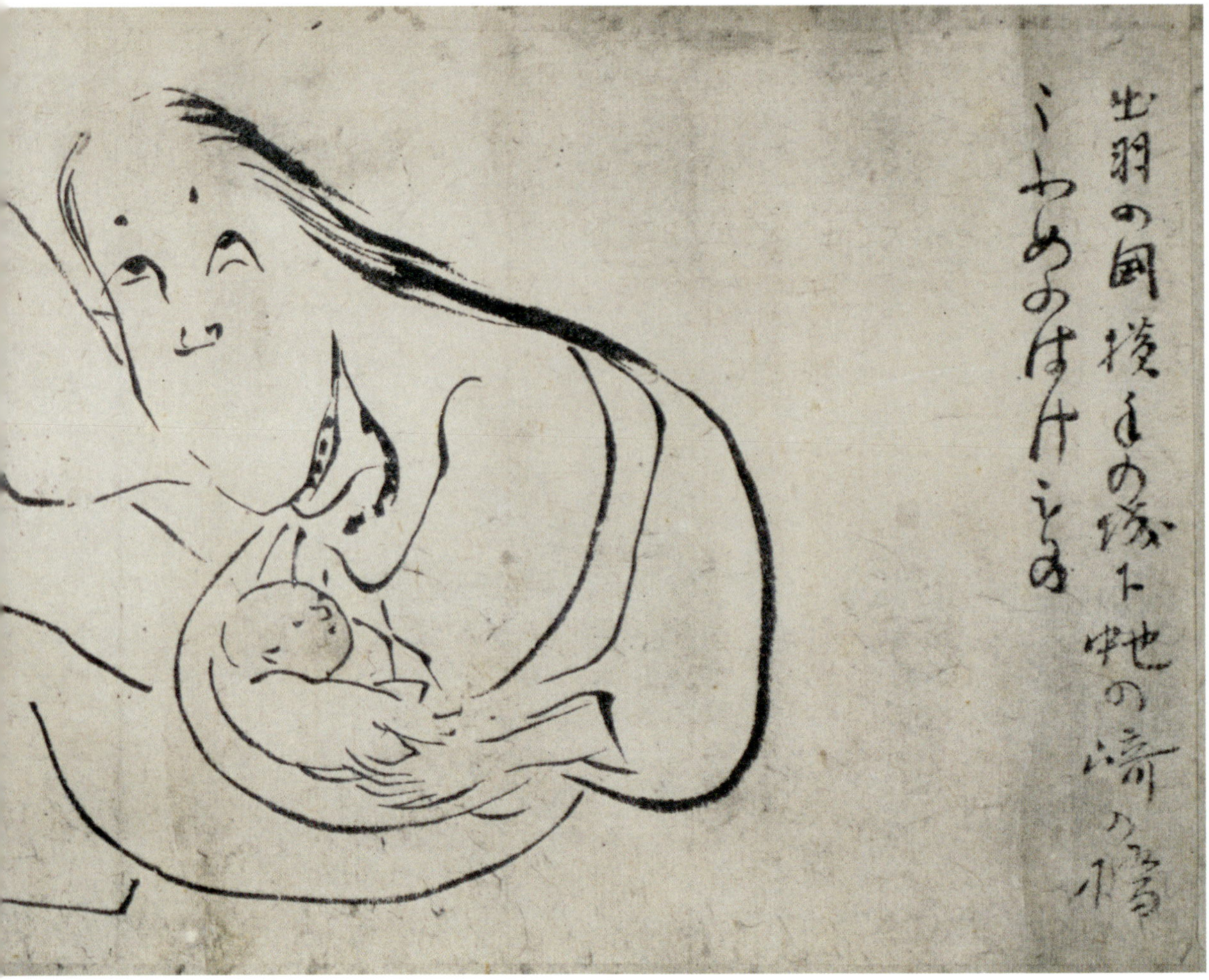

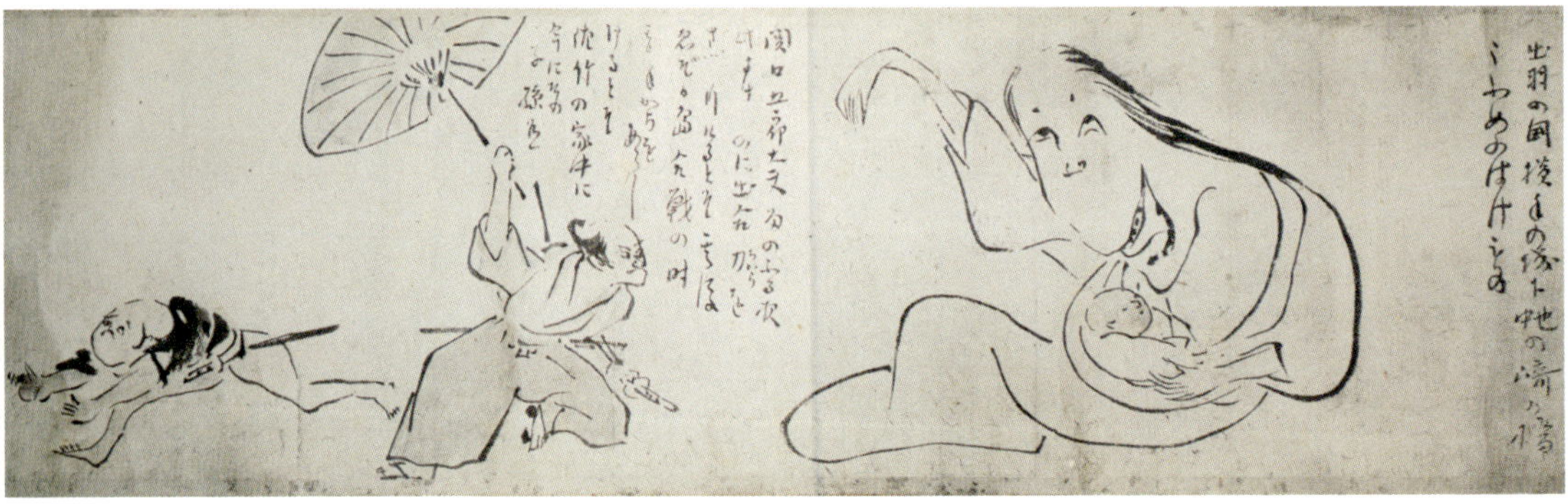

〔横手のうぶめ〕

出羽(でわ)の国、横手の城下蛇(へび)の崎の橋、うぶめのばけもの。関口五六郎大夫、雨のふる夜、此ばけものに出合(であい)、力をさづかりけるとぞ。其後(その)、ゑぞ（蝦夷）が島合戦の時、甚(はなはだ)手がらをあらはしけるとぞ。佐竹の家中に、今にその子孫有(あり)。

「うぶめ」は難産で死んだ女の霊といわれ、うぶめにまつわる話は各地に数多く残っているが、ここでは、うぶめから力を授かって合戦で力を発揮したことが記されている。（絵は次頁に続く）

鎌倉若宮八幡

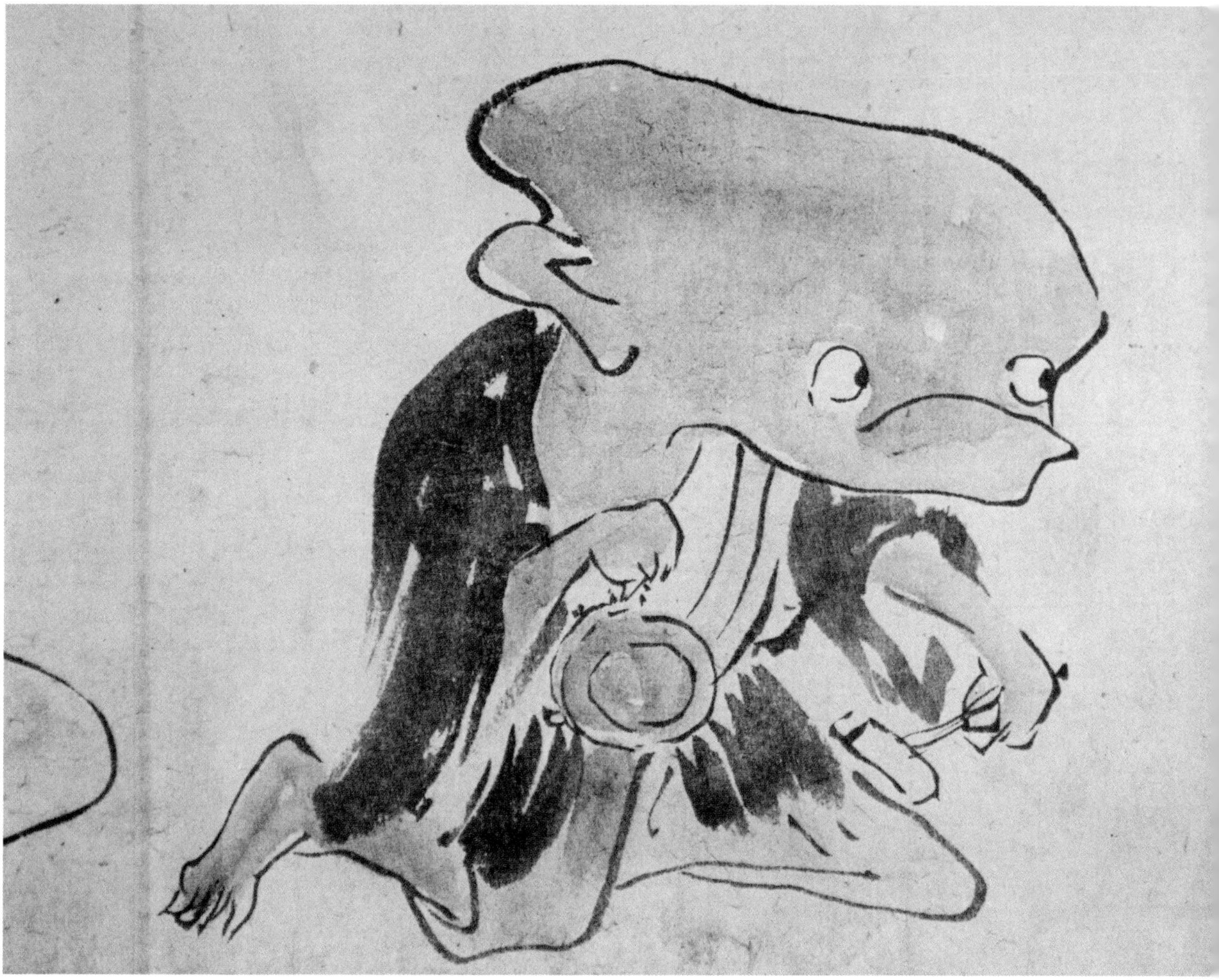

〔鎌倉若八幡銀杏の化物〕

鎌倉若宮八幡、いてう（銀杏）の木のばけ者。

古木に宿る木の精を図像化したものであろう。このような言い伝えは各地にある。ここでは銀杏の木の化物が念仏している姿を描いているが、おそらくこれも言い伝えに基づいているのだろう。（前頁の絵は「横手のうぶめ」の続き）

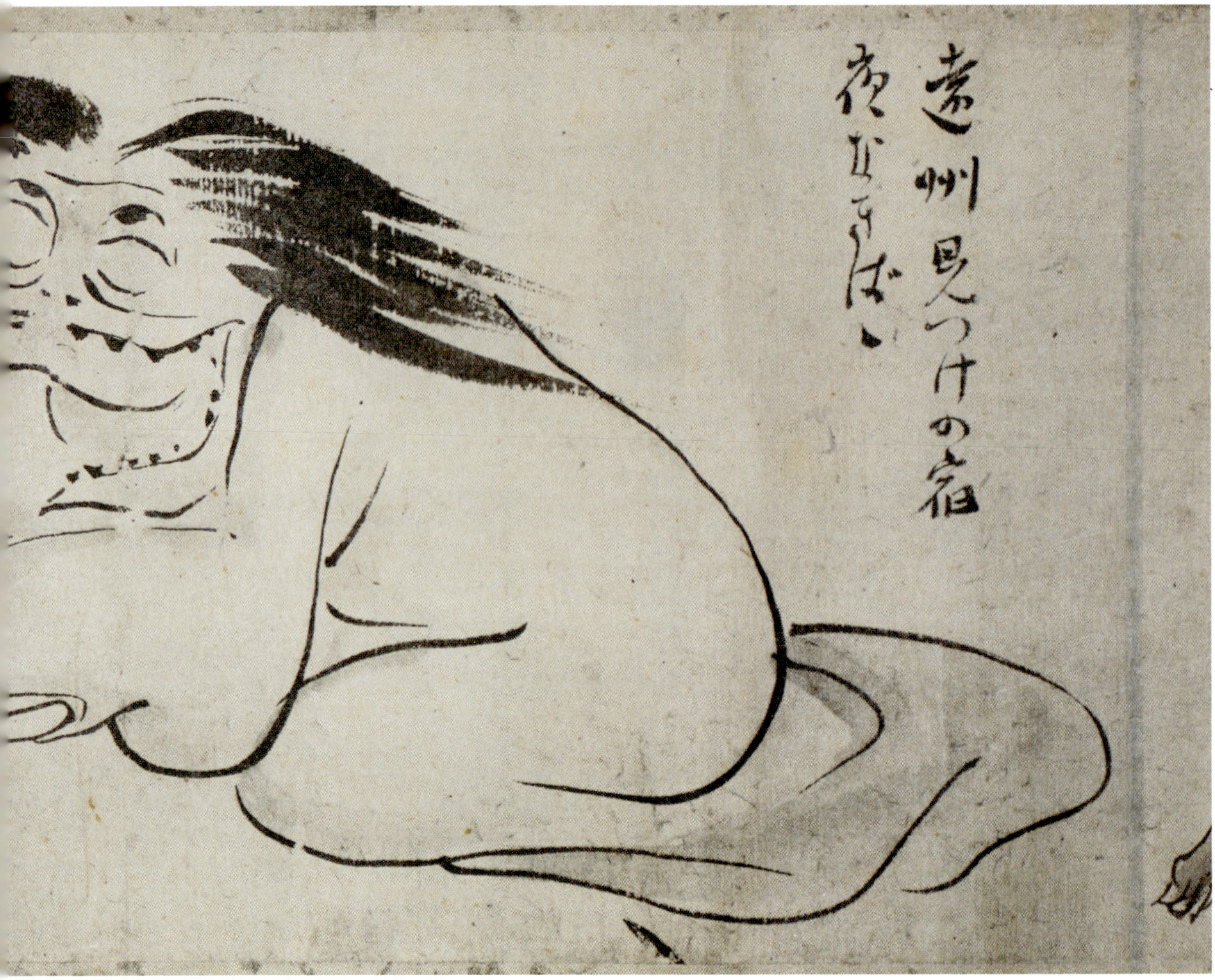
遠州見つけの宿
夜なれば、

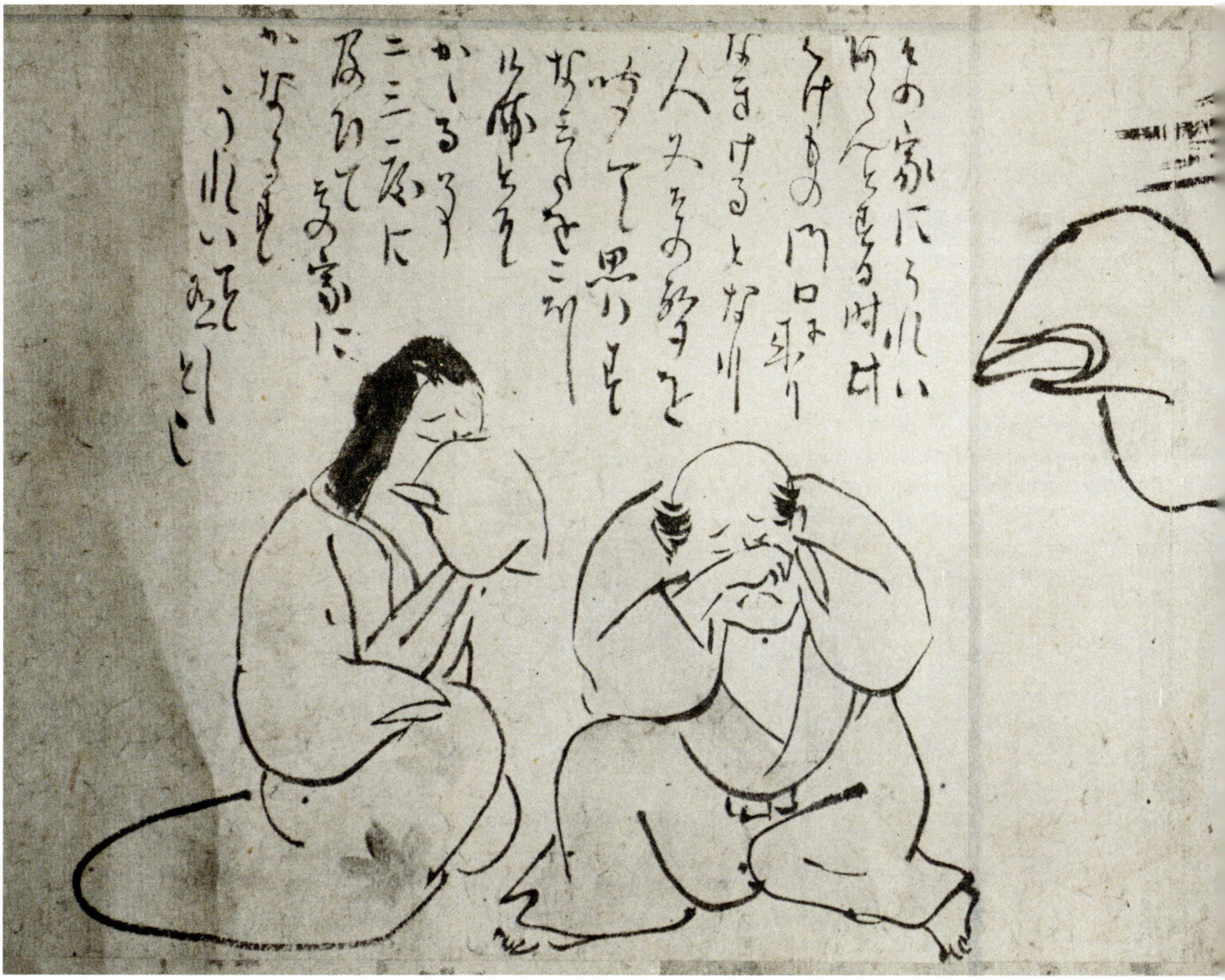

〔遠州の夜なきばば〕

遠州見つけの宿、夜なきばば。
その家にうれい（憂い）あらんとする時、此ばけもの門口に来り、なきけるとなり。人又その声を聞て、思はずなみだをこぼしけるとぞ。かかる事、二三度に及びて、その家にかならずうれいごと有しと也。

遠州見付宿（現在の静岡県磐田市）の「夜なきばば」は不幸をもたらす妖怪のようで、憂い事がおこる家に現れ、それが二、三度繰り返されると必ず憂いが起きるとあるので、病気をもたらす疫病神的存在なのだろう。大きな口を開けて泣く姿で描かれている。

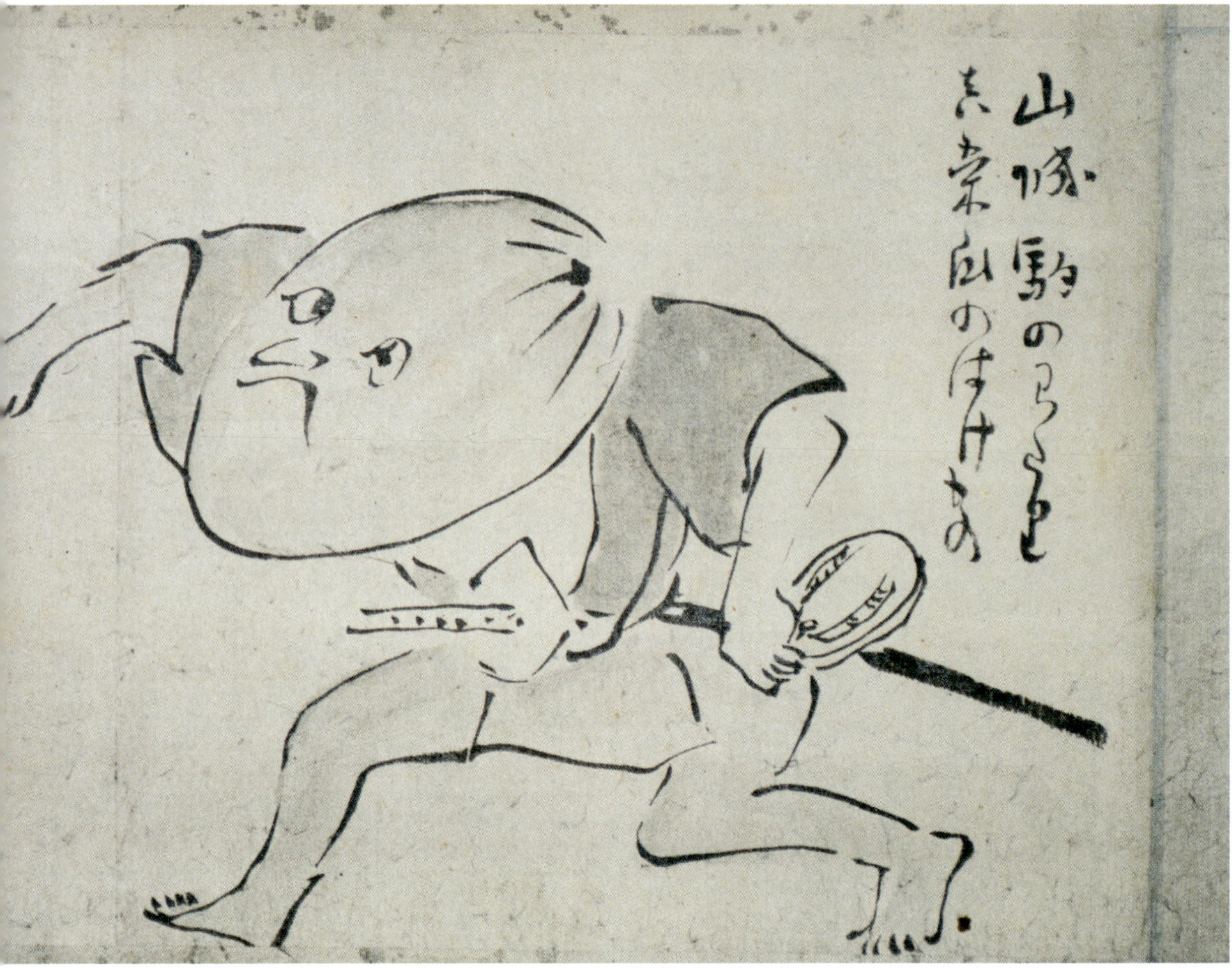

〔山城の真桑瓜の化物〕

山城、駒のわたり、真桑瓜のばけもの。

江戸時代の化物双六には植物の化物を多く描いたものが存在する。ここに描かれた真桑瓜は草履を手に持ち急いでいる足軽のような姿となっているが、これが言い伝えに基づくのかは定かでない。

山城国相楽郡狛村は真桑瓜の産地としてよく知られていた。

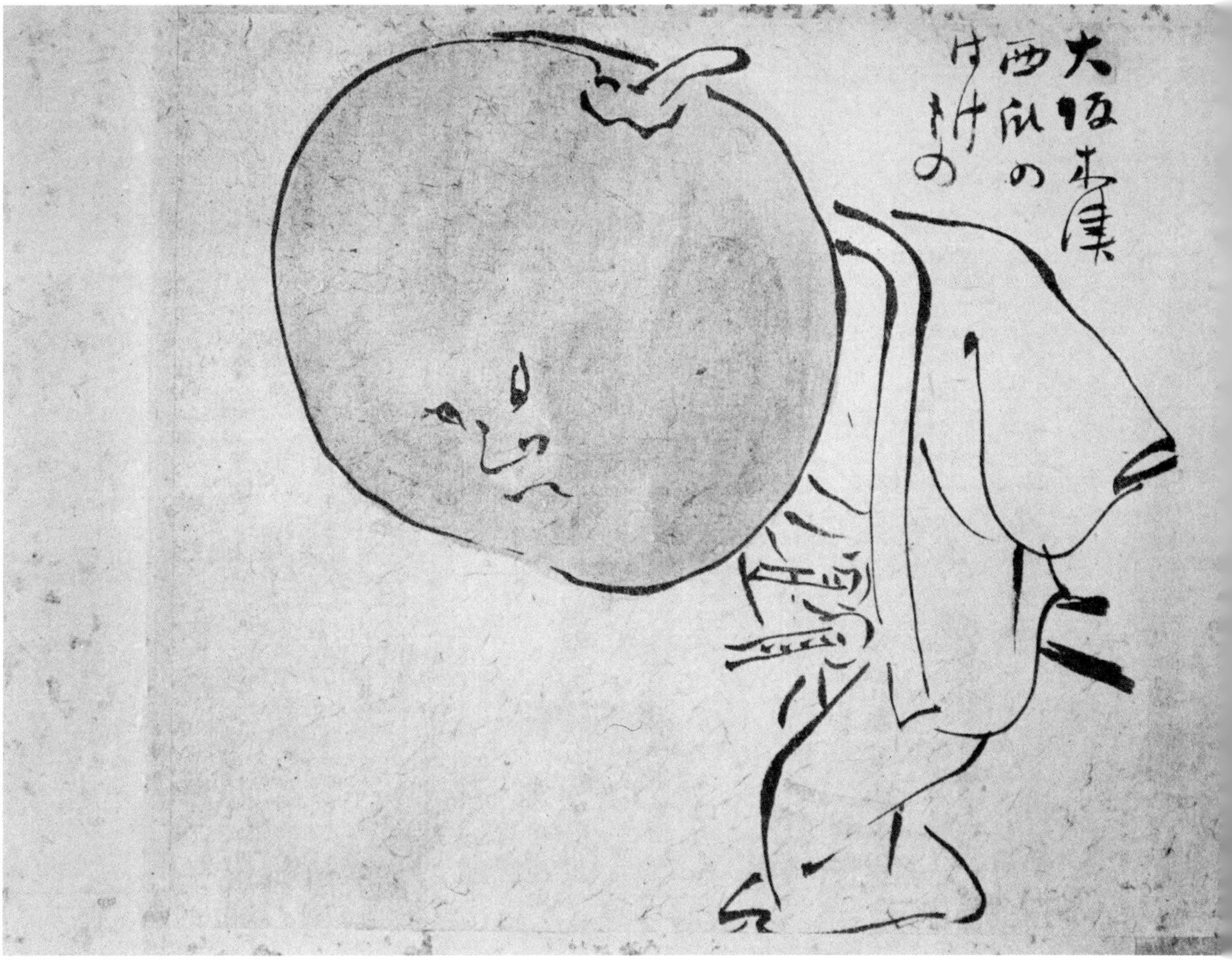
大坂木津
西瓜の
はけもの

〔木津の西瓜の化物〕

大坂木津、西瓜のばけもの。

大坂木津は現在の大阪市浪速区。ここでは西瓜の化物を武士の姿として描いているが、化物双六に登場する西瓜の化物はまな板と包丁を抱え、自らを真っ二つにした姿として捉えられている。木津は西瓜の産地としてよく知られていた。

解説

湯本豪一

1 妖怪絵巻について

絵巻は平安時代に考案された日本独特のスタイルで、絵によって物語が展開されるという新しい世界を生み出した。絵巻はそれまでもっぱら文字に頼っていた時間の経過を追いながらの事件や伝説などをビジュアルなかたちで確認するという画期的情報伝達手段であり、源氏物語、信貴山縁起、鳥獣人物戯画などすぐれた作品も描かれるなど絵巻の出現は多大な恩恵をもたらした。

描かれた内容は多様だったが、そのなかに仏教的なものや武士の活躍なども含まれていた。現在まで伝わる付喪神絵巻、酒呑童子絵巻、土蜘蛛絵巻など中世に描かれた絵巻にもさまざまな妖怪が登場している。付喪神絵巻は煤払いの時に捨てられた道具たちが妖怪となって人間たちを苦しめるがやがて仏法に帰依して成仏するといったストーリーで、酒呑童子絵巻や土蜘蛛絵巻は源頼光の活躍を描いたものであるが、これらの絵巻の主題は仏法の有難さや特定の人物の武勇談であり、そこに描かれた妖怪たちは決して主役として登場しているわけではない。

このようなケースで妖怪が登場するのはいつごろからなのかは特定できないが、現存するものとしては前出のものなどが古い絵巻といえよう。

しかし、やがて妖怪が主役の絵巻があらわれるようになってくる。妖怪だけを描くということが行われるのである。もっとも有名なのが百鬼夜行絵巻である。この絵巻の現存する最古のものは京都・大徳寺真珠庵に伝わる土佐光信が描いたものとされ、室町時代の作である。それ以前に描かれた百鬼夜行絵巻があった可能性は否定できないが、今のところ真珠庵本に先行する時代のものは発見されていない。いずれにしても、真珠庵本百鬼夜行絵巻が描かれたころから妖怪だけをテーマとした、いわば本格的な妖怪絵巻がスタートしたのだろう。

真珠庵系百鬼夜行絵巻は盛んに描き継がれたとみえ、江戸時代の作と思しきものが現在でも多数のこっている。また、真珠庵のものとは系統を異にする百鬼夜行絵巻も存在しており、百鬼夜行絵巻の大きな広がりをみることができる。これら百鬼夜行絵巻の一つの特徴は詞書がないことである。絵巻には絵の合間合間にストーリーを記した文章が入り、絵と文章によって内容を理解する場合と、まったく文章が添えられず絵だけで物語が展開されるケースがあるが、百鬼夜行絵巻に関しては後者といえよう。そのために、そこに描かれた闇に跳梁する妖怪たちは何を意味するのかといった議論もなされて来たのであり、絵だけから情報を読みとらなければならなかったのである。

しかし、江戸時代になると情報を書き加えたものもあらわれてくる。妖怪に名前を書き添えるというスタイルの百鬼夜行絵巻が散見されるのである。これによって見る人はそこに描かれた妖怪がいかなるものなのかを確認できるわけなのだ。なかには序などの文章が書かれているものもあるくらいだ。これらの変化は何を意味しているのだろうか。おそらくは時代が下るに従ってさまざまな情報が加えられるといった状況を反映しているに違いない。

いっぽうで、妖怪情報の細分化もすすむこととなる。一つ一つの妖怪を描いてその横に妖怪の名称を記すといった妖怪分類絵巻とでも呼べるようなスタイルも流布し始める。福岡市博物館蔵の『百怪図巻』や松井文庫所蔵の『百鬼夜行絵巻』などがそれだ。

どちらのケースも妖怪に対していっそうアプローチを深めていった結果であり、妖怪情報の広がりという視点から捉えることができるのではないだろうか。

安永五（一七七六）年、鳥山石燕（とりやませきえん）の『画図百鬼夜行』が刊行されている。これは『百怪図巻』など妖怪分類絵巻の書籍版とでもいえるスタイルで、絵巻が肉筆で一つ一つ描かなければならないのに対して、木版印刷という手段によって大量に世に送り出すことができたという点から、妖怪情報の広まりを考える上で画期的な出来事だったといえよう。ところで、この『画図百鬼夜行』は一点一点の妖怪を描き、その横に妖怪の名称を記すというスタイルをとっている。その点からも妖怪分類絵巻と同じ考えに基づいて刊行されたと考えられる。『画図百鬼夜行』は前編陰、前編陽、前編風の三冊よりなるが、当初、石燕はさらに大部の書籍として刊行する予定だった。この時に刊行されなかった分は安永八年に『今昔画図続百鬼』全三冊として日の目をみる。『画図百鬼夜行』と『今昔画図続百鬼』とはいわば一つのものだったのである。

しかし、両者は刊行年が違うだけで本来は一つのものだったという前提で見くらべるといささか違和感を感じる。その原因は『画図百鬼夜行』が妖怪の名称を記しているだけなのに対して、『今昔画図続百鬼』では妖怪の名称のほかに、その妖怪がいかなる特徴なのかといった解説を付しているからである。これは大きな相違点といえよう。『今昔画図続百鬼』は『画図百鬼夜行』とは比較にならないほど豊富な情報を読者に提供しているのである。この『今昔画図続百鬼』のスタイルが『今昔百鬼拾遺』（安永一〇年刊）や『百器徒然袋』（天明四年刊）にも踏襲されており、いわば石燕の妖怪本の確立されたスタイルといってよいだろう。石燕の一連の妖怪本においても情報が豊かになる過程がみてとれるのである。

このような潮流のなかで生まれてきたのが、ここに紹介した絵巻に共通のスタイルではないだろうか。すなわち、前述したような妖怪の名称の書かれた百鬼夜行絵巻や妖怪分類絵巻とでも呼べるものによって個々の妖怪たちに関する情報が付せられるようになり、その傾向がさらに強まった結果として絵に文章を添えるスタイルが生まれたのではないだろうか。いくつもの怪異譚を集め、タイトルに「百物語」のつく版本は何種類も出されているが、本書に収録した絵巻はそれら版本の百物語の手法にも影響をうけているのかもしれない。すなわち、いわば絵巻版百物語とでもいえるもので、妖怪絵巻における一つのスタイルとして位置づけられるべきであろう。絵と文章によっていくつもの妖怪を扱った情報満載の絵巻の姿は妖怪絵巻の辿り着いた究極のかたちといっても過言でないかもしれないのだ。しかし、このような絵巻は決して多くなく、妖怪絵巻のなかでも主流には成り得なかった。絵と文章でいくつもの妖怪話を収録するには絵巻より本仕立のほうが便利なことは言うまでもなく、それが本書に紹介したようなスタイルの絵巻が普及しなかった大きな要因ではなかったろうか。

だが、それだからといってこれらの絵巻の資料性は決してほかの絵巻や版本などといった妖怪資料にくらべて劣ることはない。むしろ、それら広く普及している資料にはない話や絵が収められていることも多く、貴重な資料として位置づけられるのである。そのような意義を認め、ここに紹介して、妖怪資料として広く利用していただきたいと願っているものである。

2　収録絵巻について

『怪奇談絵詞』は三三点の怪奇譚(図)を収録している。その中心は各地に伝わる怪奇談だが、筑前、肥前、福岡など九州の話が多く、当地との関係を窺わせるが、諷刺として妖怪を登場させているケースも散見される。また、「ヲロシヤの人魂」「イギリスの蟻」等々、外国を扱った話もいくつかみられるのがこの絵巻の大きな特徴といえよう。しかし、多種多様な話が雑多に収録されている観があるが、類例の絵巻が確認されていないこともあって、絵巻全体としてどのような考えに基づいてそれぞれの怪奇談を取り上げたのかは現段階ではよくわからない。

幕末〜明治初期の作と思われるが作者は不詳。トリミングされた部分があって絵や文章の一部が切られているものの大きな欠損はなく、ストーリーは読みとることができる。

タテ二五・一センチ、ヨコ一〇四六・二センチ。福岡市博物館蔵。

『土佐お化け草紙（堀見家版）』は寛延二（一七四九）年九月から土佐藩筆頭家老深尾家の第六代、七代、八代と永年にわたって御櫛役を勤めた吉本家三代栄助正成が拝領し、六代武平の娘の鮚鰕が堀見家に嫁いだときに持参したものであることや「土佐お化け草紙（幼君夜伽用）」なる題名が戦後に裏打補修した際に巻末に記されており、この絵巻がいかなる性質のものなのかがわかり貴重な妖怪資料となっている。

　収録されている妖怪譚は一六話であるが、巻頭に妖怪たちが土佐の国に集まって来た場面があり、最後は夜明けで退散する場面でおわる。収録された妖怪譚のなかにはいくつもの当地に伝わる妖怪が登場しており、地方色の濃い絵巻となっている。絵は素朴でおそらくは当地で制作されたものであろう。一部欠損があるが同じ内容の絵巻が高知県の佐川町教育委員会に所蔵されており、欠損部分を推断することが可能である。

　江戸中期～後期の作と思われ、その時代の当地の妖怪譚を絵としてあらわしている点から興味深い絵巻といえよう。作者は不詳。

　タテ二四センチ、ヨコ五七一・五センチ。個人蔵。

『土佐お化け草紙（佐川町教育委員会版）』は堀見家本と同じく一六種類の妖怪譚を収録しており、当地で描き継がれていたことが窺われるが、順番が堀見家本とは異なっていること（本書の掲載順序は堀見家本に従う）、描かれた妖怪の特徴にいくつかの違いがあることなどから堀見家本を直接模写したものとは断定できず、土佐お化け草紙がどのように描き伝わっていったかは今後の課題といえよう。この絵巻は堀見家本とは筆致が異なるものの、堀見家本と同じく地元で描かれたような素朴な雰囲気がある。この絵巻も後世に裏打補修しているようだが、佐川町教育委員会に収蔵された経緯もわからず、いかなる目的で誰が描かせたかは定かでない。しかし、巻末には「安政六年己未八月上旬写之」とあり一八五九年に制作されたことがわかる。作者は不詳。

　なお、本絵巻の妖怪の順序は、「化物ども集り来る」から始まり、「川父」「山鰐」「猫股」「悪婆」「鬼三兵衛／女とま」「鬼女」「ろくろ首」「古鳥」「山父」「片身」「けち火」「骨なし女」「宿守／馬骨」「子とろ子とろ」「餓鬼」「産女」となっている。夜明けとなり、鶏が鳴いて化物たちが退散する最後の場面には堀見家本にはない朝日が描かれている。

　タテ二六・七センチ、ヨコ八三七・四センチ。佐川町教育委員会蔵。

『ばけもの絵巻』は各地に伝わる一二話の怪奇譚を収録

している。絵はユーモアのある筆致で怖さは感じられない。収録されている話はこの絵巻以外には伝えられていないものが多いようだが、この絵巻の類例は確認されておらず、作者は不詳で、絵巻からは他の情報も得られないために、いかなる経緯で、どこからこれらの話の情報を得て描いたのかは定かでないが、近畿、北陸、関東、東北地方の話を収録し、近畿以西の話は一話も含まれていない。どこの地方の話なのか聞き忘れたと記されたケースも収録されているが、これは、この絵巻の作者の言なのであろうか。制作は明治時代と推定される。

タテ三一センチ、ヨコ五四八・五センチ。個人蔵。

『蕪村妖怪絵巻』は俳人で画家の与謝蕪村（一七一六〜八三）が宮津（現在の京都府宮津市）において画業に専念していた宝暦四（一七五四）年から同七年にかけて描かれたものと思われ、もともとは蕪村が寄寓していた宮津の見性寺の欄間に張られていたと伝えられる。

収録されているのは榊原氏の屋敷に出没する化け猫、小笠原氏の屋敷に宿泊した林一角法師の前にあらわれた赤子の怪、京かたびら辻のぬっぽり坊、出羽国横手のうぶめ、鎌倉若宮八幡のいちょうの化物、遠州の夜泣きばば、山城の真桑瓜の化物、大坂木津の西瓜の化物の八つの妖怪である。単に化物を紹介しているものから、ストーリーを付したものまでまちまちだが、これらの話はあちこちを旅した折に伝え聞いた各地の妖怪譚なのであろう。

俳画に卓越した技量を発揮した蕪村の筆致によってユーモアのある妖怪絵となっているのがわかる。

本書に掲載したのは昭和三年に復刻版として北田紫水文庫から出されたもので、タテ一六センチ、ヨコ三一四センチ。

詳細目次

あとがき

妖怪資料は多様だ。双六やカルタといった遊び道具があったり、印籠や根付のように身につける品があったり、近代になると写真やフィルムなども加わるくらい幅広い。しかし、展覧会などでは絵巻や錦絵といった資料が主体となっていることは一昔前と変わらない。その最大の理由は、絵巻や錦絵は妖怪資料の根幹をなすものだからに他ならない。とりわけ、描かれた妖怪という視点からは、絵巻や錦絵抜きでは妖怪を語ることができないといっても過言でないだろう。また、多色で表現された妖怪世界は見る者に強くアピールすることもあって、展覧会の中心的存在と位置づけられて来た。

錦絵は木版で刷られた印刷物なので同じ作品が複数存在するのに対して、絵巻は肉筆画という特徴から一点一点が唯一の作品ということができる。そのために錦絵にくらべて絶対量が少ない。百鬼夜行絵巻のように何百年ものあいだ、描き継がれて多くの作品が残っているといったケースは例外的といってよいだろう。そんなこともあってか、妖怪〝図鑑的〟絵のように形態が明確に分類できるものを除いて、例えば百鬼夜行絵巻を真珠庵系、東博系などと、描かれた内容による分類はなされてきたものの、形態による分類は行われてこなかったように思える。

本書は〝百物語的〟絵巻という分類でいくつかの絵巻を収録している。近年、妖怪絵巻も新しい資料が日の目をみるようになって来ており、情報の集積も進みつつある。こんな状況のなかで、妖怪絵巻にも新しい視点からの分類を考える必要があるのではないかと思っている。そんなことから〝百物語的〟という一つの切り口で分類を試みた次第であるが、今後も妖怪絵巻の分類について考えて行きたいと思っている。諸賢のご意見をいただければ幸いである。

絵巻の収録を快諾いただいた堀見忠司氏、佐川町教育委員会、福岡市博物館に深謝申し上げたい。また、土佐お化け草紙の読み下しに関しては常光徹「土佐お化け草紙」(『怪』一二号)、蕪村妖怪絵巻については乾猷平『蕪村妖怪絵巻解説』(昭和三年、北田紫水文庫)を参考にさせていただいた。

最後になったが、本書刊行にあたり、国書刊行会の礒崎純一氏にお世話になった。厚くお礼申し上げる。

平成一五年六月　　湯本豪一

湯本豪一（ゆもと　こういち）

一九五〇年生まれ。川崎市市民ミュージアム学芸員。著書、『明治妖怪新聞』『地方発明治妖怪ニュース』（ともに柏書房）、『妖怪と楽しく遊ぶ本——日本人と妖怪の意外な関係を探る』（河出書房新社）、『妖怪あつめ』（角川書店）、『江戸の妖怪絵巻』（光文社）ほか多数。

妖怪百物語絵巻（ようかいひやくものがたりえまき）

二〇〇三年　七月二二日初版第一刷発行

編著者……湯本豪一
発行者……佐藤今朝夫
発行所……株式会社　国書刊行会
東京都板橋区志村一—一三—一五
電話　〇三—五九七〇—七四二一
FAX　〇三—五九七〇—七四二七
http://www.kokusho.co.jp
造本・装丁……妹尾浩也
印刷・製本……凸版印刷株式会社

ISBN4-336-04547-x

鳥山石燕 画図百鬼夜行

『鳥山石燕　画図百鬼夜行』

高田　衛◆監修　稲田篤信・田中直日◆編
定価：本体七六〇〇円＋税
B5判・上製カバー　三五〇頁

妖怪変化に姿を与えることに一生を賭した江戸中期の絵師、鳥山石燕の代表作『百鬼夜行』四部作を完全収録。各図版に解説を付すほか、総論、解題、文献案内など、妖異妖怪を読み解くための資料も充実。

竹原春泉
絵本百物語
―桃山人夜話―

『絵本百物語　桃山人夜話』

京極夏彦 他◆文　多田克己◆編
定価：本体三八〇〇円＋税
B5変型・上製カバー　一八八頁

『百鬼夜行』と並ぶ妖怪図鑑の傑作『絵本百物語』（別題「桃山人夜話」天保十二年刊）を初めて完全収録。竹原春泉が描いた貴重な妖怪画全四六葉をオールカラーで収める。

暁斎妖怪百景

『暁斎妖怪百景』

京極夏彦◆文　多田克己◆編
定価：本体四〇〇〇円＋税
B5変型・上製カバー　一四八頁

幕末明治の天才絵師、河鍋暁斎の妖怪画・幽霊画をはじめて集大成。傑作『暁斎百鬼画談』を中心に百余点をオールカラーで収録。「近代人でありながら妖怪の読み方を識っていた、稀有な絵師」（京極夏彦）

江戸 妖怪かるた

『江戸　妖怪かるた』

多田克己◆編
定価：本体三四〇〇円＋税
四六判函入

江戸期に流行した貴重・美麗な「妖怪いろはカルタ」四八枚のカラー復元（読み札付き）と解説書を一緒に函に収める。美術本としても美しく、かるたとして使えばいっそう楽しく遊べます。

国芳妖怪百景

『国芳妖怪百景』

須永朝彦◆文　悳　俊彦◆編・解説
定価：本体四〇〇〇円＋税
B5判・上製カバー　一一四頁

怪異と奇想にあふれた、幕末の修羅絵師・歌川国芳の妖怪画の世界。百余点をオールカラーで収録。国芳独特のワイドスクリーンを再現するために、折り込みページも多数使用。

妖怪図巻

『妖怪図巻』

京極夏彦◆文　多田克己◆編
定価：本体三八〇〇円＋税
B5判・上製函入　一八〇頁

江戸時代の重要な妖怪絵巻を一挙大公開!!『化物づくし』『百怪図巻』『化物絵巻』『百鬼夜行絵巻』の妖怪たちをオールカラーで掲載。謎につつまれた妖怪画の原点がここにある!!

大江戸怪奇画帖
尾崎久彌 編著
完本・怪奇草双紙画譜

『大江戸怪奇画帖』

尾崎久彌◆編著
定価：本体三八〇〇円＋税
B５判変型・上製カバー　二六八頁

妖怪、幽霊、血みどろ、残虐——北斎、英泉、豊国、国芳らが描いた貴重な怪奇画一一三点を収録。

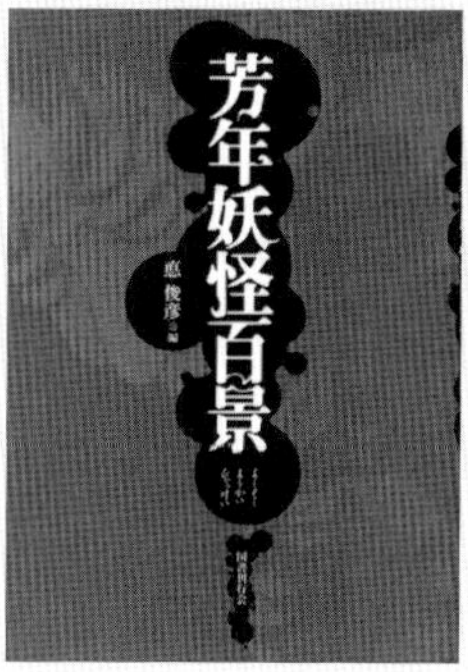
芳年妖怪百景
悳 俊彦 編

『芳年妖怪百景』

悳　俊彦◆編
定価：本体四〇〇〇円＋税
B５判・上製カバー　一〇二頁

血みどろの絵師として名高い月岡芳年の妖怪画・幽霊画を集大成。妖怪画の古典として名高い「新形三十六怪撰」全図をはじめとして、七〇余点を収録。美と残虐と郷愁の芳年ワールド。

江戸怪談妖怪絵本集成
百鬼繚乱

『百鬼繚乱』

近藤瑞木◆編
定価：本体六八〇〇円＋税
B５判・上製カバー　三〇〇頁

長いあいだ幻の作品と言われてきた、江戸期の怪談・妖怪絵本六作品を、詳細な解説とともに完全収録。「研究者に限らず、妖怪好きは必読であろう。このような稀覯本の刊行に感謝したい。」（京極夏彦）

定価は二〇〇三年七月現在のものです。